RECONSTRUCCIÓN LIBERTARIA EN CHILE Y ANARQUISMO EUROPEO (1973 - 1994)

Eduardo Godoy Sepúlveda

RECONSTRUCCIÓN LIBERTARIA EN CHILE Y
ANARQUISMO EUROPEO
(1973 - 1994)
Eduardo Godoy Sepúlveda

Calumnia Edicions
info@calumnia-edicions.net
septiembre de 2025
ISBN 978-84-129699-7-9
DL: PM 00564-2025

Esta edición está basada en la publicada en abril de 2025 por
Pensamiento y Batalla
Edición y correcciones: Moro Valenzuela.
Contacto: *pensamientoybatalla@gmail.com*
Diseño y diagramación: *Taller Espiracle*
Contacto: *rosalesglz@gmail.com*

RECONSTRUCCIÓN LIBERTARIA EN CHILE Y ANARQUISMO EUROPEO (1973 - 1994)

Eduardo Godoy Sepúlveda

ÍNDICE

A la memoria de Néstor Vega Salazar
y Pedro Mariqueo Martínez, asesinado en Dictadura

PRESENTACIÓN

Esta investigación desarrollada a pulso y de manera independiente por el compañero anarquista Eduardo Godoy Sepúlveda, constituye un significativo hito en la reconstrucción de la memoria del anarquismo en la región chilena de un período histórico sobre el que casi nada se ha escrito y del que solo existen referencias fragmentarias y complejas de encontrar. Contribuir a llenar este vacío de por sí constituye un mérito importante, pero, además, este trabajo es muy relevante porque refuta la historiografía de "izquierdas" dominante que relega la presencia de l@s ácratas a los primeros años de vida del movimiento obrero. Si bien es cierto que la influencia social de l@s anarquistas disminuyó notablemente, reduciéndose a la actividad de una minoría dispersa, este libro demuestra que el hilo negro nunca se rompió totalmente.

La presencia de l@s anarquistas en la época de la Unidad Popular, bajo la Dictadura, el exilio y la transición democrática, se analiza de manera sintética pero muy documentada, echando mano a testimonios de algunos de sus propios protagonistas, publicaciones y materiales que hasta la edición de este libro eran totalmente desconocidos. Por esta última razón, y para así volver accesible al movimiento antagonista el contenido de archivos de difícil acceso, hemos decidido incluir un anexo documental que incluye diez interesantes textos (muchos de ellos inéditos) y un breve anexo fotográfico.

Para finalizar, queremos destacar que la memoria histórica también es un campo de batalla de la lucha de clases, por ello, indagaciones como la desarrollada por Eduardo poseen un carácter imprescindible.

¡Por el comunismo y la anarquía!

Pensamiento & Batalla,
abril de 2025

PRÓLOGO:
ABRAMOS TODOS LOS ARCHIVOS

Afortunadamente, durante los últimos 15 años, han sido muchos l@s compañer@s investigador@s que se han hecho cargo de desmitificar esa vieja construcción historiográfica de la izquierda chilena, que instaló la premisa de que el anarquismo no es más que un pequeño actor marginal y de bajo impacto en las luchas del movimiento obrero de esta región aislada del continente. Que no se contentaba con subestimarlo, sino que también lo acusaba de ser una desviación pequeñoburguesa y reaccionaria para un proceso de politización, que supuestamente iría encaminado hacia una revolución transformadora de los explotados y explotadas.

La gran mayoría de los trabajos que se han escrito en estos años, han demostrado que el movimiento anarquista en Chile fue de gran importancia para comprender el mundo popular en su profundidad, considerando aspectos como la organización obrera; las dinámicas reivindicativas y combativas del sustrato laboral; las políticas represivas del Estado y la resistencia proletaria; los debates ideológicos que contribuyeron transversalmente en una expansiva conciencia de clase; el desarrollo de una cultura obrera educativa y formadora; y así, un largo etcétera.

En este libro, Eduardo Godoy nos presenta una investigación tan valiosa como arriesgada, puesto que ingresa en un bosque sin multitudes, en un despoblado histórico al que muchos nos resignamos, asumiendo un quiebre generacional que todavía no comprendemos lo suficiente.

El Golpe de 1973 fue el inicio de la aplicación sistemática del terrorismo de Estado en Chile, y sabemos bastante (aunque no lo suficiente) de la represión masiva al movimiento de trabajadores, estudiantes, campesinos y pobladores. Pero todavía queda mucho por conocer de las trayectorias individuales y nucleares que fueron marcadas por estos acontecimientos. En particular, y para nuestro interés, de aquell@s que tan solo unos años antes, aun dedicaban gran parte de su vida a un proyecto político anarquista, no alineado con los polos impuestos por la Guerra Fría.

¿Qué pasó con todas esas mujeres y hombres que luchaban por la anarquía? ¿Fueron reprimid@s? ¿"Se fueron para la casa"? ¿Fueron exiliad@s? ¿Se despolitizaron? O quizás, ¿se cambiaron de bando?

Estas páginas atraviesan varios caminos para construir algunas de esas respuestas, y lo hacen trazando una línea imaginaria que cruza el Océano Atlántico, moviéndose por el *viejo mundo*, identificando los pasos de un puñado de compañer@s que mantuvieron viva la inquietud, la energía y la convicción de que no se había dicho la última palabra de este porfiado movimiento que se resistió a morir, y que, contra viento y marea, supo tejer las redes necesarias para resistir la ignominia y el olvido.

Una vez más, la historia nos demuestra que l@s anarquistas han sabido adaptarse a las condiciones de su tiempo, y que cuando no existen organizaciones robustas y duraderas, que logren coordinar a numerosas voluntades, siempre estarán los pequeños grupos de afinidad, que en algunos momentos tensionan radicalmente la relación lógica entre cantidad y calidad de las manifestaciones revolucionarias. Recordamos las palabras de un viejo historiador que hacía énfasis en que l@s ácratas no fueron l@s más numeros@s, pero sí l@s más dinámic@s del movimiento obrero. La capacidad de dar vida a los espacios, de tejer redes de solidaridad, de activar la cultura y la propaganda y de convertirlos en herramientas significativas para conseguir ciertos objetivos, iba más allá de la cantidad de personas involucradas y se relacionaba más con el entusiasmo y la voluntad que con la cantidad de militantes que firmaban un libro de registros. Es un sello que acompaña la deriva de *La idea* hasta nuestros días.

Desdibujar las fronteras y poner el ojo en las relaciones internacionales nos permite sacudirnos de los viejos parámetros que limitan nuestra forma de entender la vida, pero también el pasado, determinado sustancialmente por la bandera que se iza sobre un territorio. El anarquismo en Chile no está solo en ese lugar que llamamos Chile, también está en las conversaciones distantes que buscaron dotar de estrategias a la resistencia a la Dictadura, también está en cada charla, en cada coordinación, programa de radio, artículo de revista, acción subversiva o cena de solidaridad que nos piensa como una marejada internacional e internacionalista. Este libro, como algunos otros, nos ayudan a confrontar la localía, a dejar de buscar todas las respuestas en el cubículo que habitamos y salir a explorar un mundo que guarda otro pedazo del mundo en todas partes.

Hay que abrir todas las cajas de archivo que nos hacen viajar al pasado, hay que escuchar las historias de otra generación, que tienen mucho que decir. La novedad de *Reconstrucción libertaria en Chile y anarquismo europeo (1973-1994)* también está en sus fuentes documentales, en sus relatos y en sus hallazgos epistolarios, que permiten pinchar la comunicación entre dos sujetos a largos años de distancia. Entre ellos, aparece el difunto compañero José Ego Aguirre, de quien conocemos muchas anécdotas, sobre todo por su incansable lucha y su amplia perspectiva con la juventud. El Ego fue uno de esos veteranos generosos y desprejuiciados que compartió su vida, experiencia y patrimonio bibliográfico con jóvenes de entre 15 y 20 años, que buscaban en el anarquismo un nuevo referente para explicar el mundo de su época y proyectar las luchas de un futuro incierto.

Leamos este libro, que la puerta queda abierta.

Mario Araya, miembro del "Archivo Histórico La Revuelta"

RECONSTRUCCIÓN LIBERTARIA EN CHILE Y ANARQUISMO EUROPEO (1973 - 1994)

INTRODUCCIÓN

"Vamos a declarar nuestra oposición
a este sistema de corrupción
No participaremos en falsas democracias
con tanta hipocresía
¿Y dónde están los asesinos de ayer
protegidos por la amnistía?
¿Dónde están las promesas de justicia
que ustedes nos hicieron un día?"

Los Miserables, *Declaración de intransigencia*,
Futuro Esplendor, Sello Alerce, 1992.

El siguiente escrito aborda la transición que se verificó al interior del anarquismo criollo entre los años 1973 y 1994. Planteamos que es durante este período, que se prolongó desde el Golpe de Estado del 11 de septiembre hasta la finalización del primer gobierno del democratacristiano Patricio Aylwin, después de 17 años de Dictadura, en el que operaron importantes cambios en su *ethos*. Transitó de un anarquismo cuyo carácter había sido históricamente sindical —expresado en prácticas y discursos anarcosindicalistas y sindicalistas libertarios— a uno vinculado con las nuevas luchas que se empezaron a instalar en Chile y a nivel continental, a comienzos de la década de los noventa: ecologismo, feminismo, indigenismo, antimilitarismo, etc. Es decir, transmutó y adquirió un nuevo carácter, contracultural, y en relación con los nuevos movimientos sociales y luchas que emergieron en América Latina[1] más que con el

---

1 Zibechi, Raúl, "Los movimientos sociales latinoamericanos: tendencias y desafíos", en "OSAL" N°9, Buenos Aires, enero 2003. Véase del mismo autor: (1999) *La mirada horizontal. Movimientos sociales y emancipación*. Quito: Ediciones Abya Yala.

mundo de los trabajadores, lo que lo llevó a perder parte importante de su tradicional identidad política clasista y obrerista[2]. En este sentido, el anarquismo que se recompuso a comienzos de la década de 1990 en Chile estuvo en sintonía con el anarquismo que surgió en Europa después de los sucesos del mayo de París (1968) que, con la tradición anarquista criolla del período 1890-1973, caracterizada por su estrecha relación con ciertos gremios obreros: estibadores, imprenteros, zapateros, albañiles, etc. Asimismo, se entregan nuevos antecedentes respecto de su proceso de reemergencia durante la Dictadura de Augusto Pinochet (1973-1990) después de la diáspora y fragmentación que sufrió desde el año 1957 en el mundo sindical cuando 4 de sus consejeros nacionales (Ernesto Miranda, Ramón Domínguez, Celso Poblete y Héctor Durán) se automarginaron de la Central Única de Trabajadores (CUT)[3]. Sostenemos que a fines de la década de 1970 y durante la de 1980 el anarquismo local comenzó un proceso de *recomposición* que crispó en la década siguiente, 1990, en la cual nuevamente comenzaron a flamear las "banderas negras" en las manifestaciones sociales —en pleno proceso de "transición a la democracia" en Chile—, como expresión de su visibilización pública y social. En consecuencia, planteamos que durante este amplio marco temporal (1973-1994) el anarquismo chileno vivió, desde el punto de vista interno, su propio proceso de transición en un período signado por las profundas transformaciones que reconfiguraron el escenario político, social, económico y cultural en Chile de la mano del proyecto refundacional neoliberal que implantaron los militares desde 1974 y que una vez caída la Dictadura administraron —sin escrúpulos— los gobiernos de la Concertación de Partidos Por la

---

2 Vivanco, Álvaro y Míguez, Eduardo (2007) *El anarquismo y el origen del movimiento obrero en Chile, 1881-1916*. Santiago: editado por Fermín Nawel; Grez, Sergio (2007) *Los anarquistas y el movimiento obrero. La alborada de "la Idea" en Chile, 1893-1915*. Santiago: LOM ediciones; Allende, Sebastián (2013) *Entre zapatos, libros y serruchos. Anarquismo y anarcosindicalismo en Chile (1920-1950)*. Santiago: s/e.

3 Respecto a la fundación de la CUT, véase la monumental investigación de: Orellana, Gilda "Clotario Blest: Sindicalista revolucionario y político de clase. Por la emergencia del poder popular", Tesis para optar al Grado de Magíster en Historia, Universidad de Chile, Santiago, 2012. Véase, asimismo: Barría, Jorge (1971) *Historia de la CUT*. Santiago: Prensa Latinoamericana.

Democracia[4]. Cabe destacar que este proceso de reconfiguración del anarquismo local no hubiese sido posible sin un proceso previo de rearticulación, que es viable, a su vez, por la amplia labor desarrollada por los exiliados libertarios chilenos que, desde París, y otras ciudades de Europa, incentivaron y posibilitaron su recomposición interna. En este sentido, la Coordinadora Libertaria Latinoamericana (CLLA), fundada en 1978, y el Grupo Pedro Nolasco Arratia, en 1982, jugaron un rol relevante, ya que pusieron en contacto a los dispersos veteranos anarquistas (José Ego Aguirre, Juan Segundo Montoya, Félix López, Julio Reyes, entre otros) que permanecieron en Chile bajo el terror pinochetista, no sólo con sus congéneres exiliados en Europa (Italia, Holanda, Suiza y Francia), sino también entre ellos y, más importante aún, con organizaciones e individualidades libertarias de América Latina y del mundo occidental. Es decir, permitieron la *reconexión* del anarquismo nacional —en proceso de recomposición y transmutación— con el anarquismo internacional que desde la década del sesenta adquirió visibilidad en Europa[5]. Y si bien los vínculos entre los anarquistas sudamericanos y europeos fueron permanentes desde el siglo XIX, hubo momentos en que estos se intensificaron o deterioraron a partir de ciertos procesos y coyunturas históricas. En el caso chileno, en particular, la implementación de la Dictadura generó una situación paradojal en el movimiento libertario criollo, ya que éstas se deterioraron en un primer momento producto del terrorismo de Estado, la represión y el aislamiento del país, pero más tarde se intensificaron a propósito de la solidaridad internacional vinculada a las denuncias de violaciones de DD.HH. y de la conculcación de derechos políticos, económicos y sindicales[6].

---

4 Goicovic, Igor "Golpe de Estado, violencia política y refundación de la sociedad chilena", en Moyano Barahona, Cristina (Compiladora) (2013) *A 40 años del golpe de Estado en Chile*. Santiago: Editorial USACH, P. 123-124. Véase, asimismo: Winn, Peter (2013) *La revolución chilena*. Santiago: Editorial LOM.

5 Hobsbawm, Eric, "Reflexiones sobre el anarquismo", en (2010) *Revolucionarios. Ensayos contemporáneos*. Barcelona: Crítica. P. 121-133.

6 Camacho, Fernando (2011) *Una vida para Chile. La solidaridad y la comunidad chilena en Suecia, 1970-2010*. Santiago: Museo de la Memoria y los Derechos Humanos.

Para realizar la siguiente investigación utilizamos parte del extenso acervo documental proporcionado por dos miembros fundadores del Grupo Pedro Nolasco Arratia (GPNA) –Néstor Vega y su compañera Marie Lousie Bouzidi-, al que pudimos acceder en París, así como la documentación proporcionada por Roberto Torres Vega, el cual vive en la ciudad de Santiago desde su retorno del exilio en 1988. Archivos privados de suma importancia para la reconstrucción de la historia del anarquismo chileno en sus fases de dispersión y rearticulación (1957 y 1994), que aún están por explorar. Asimismo, se consultó prensa y documentación anarquista internacional contenida en los repositorios de la Biblioteca Pública Arús de Barcelona (BPA), durante nuestra pasantía doctoral realizada en España el 2016 (en la Universidad Autónoma de Madrid) y, posteriormente, la acuciosa revisión que llevamos a cabo, en una nueva pasantía, durante los meses de enero-febrero del 2018. Es preciso destacar la riqueza informativa —a modo de notas, reportajes, entrevistas y reportes de corresponsales— de estos medios sobre el anarquismo sudamericano (y chileno) que, por lo demás, viene a subsanar la irregularidad y fragmentación de la prensa anarquista criolla para el período de estudio (1973-1994). De igual modo, nos permite situarlo con las problemáticas y discusiones que se desarrollaron en el plano internacional libertario (europeo y continental) durante la segunda mitad del siglo XX. Lo anterior da cuenta de las complejas redes de solidaridades y apoyos mutuos construidas por los militantes y agrupaciones anarquistas de Europa y América Latina desde fines del siglo XIX y de una de las características principales de sus propuestas político-ideológicas: el internacionalismo apátrida y sin fronteras.

Se privilegiará en la descripción y en el análisis, las declaraciones y acciones de los propios protagonistas de este proceso de recomposición y reconfiguración tanto a nivel nacional como internacional, es decir, de quienes fueron parte medular de los procesos históricos que aquí se abordarán. Para finalizar sólo resta señalar que, sin duda, somos conscientes que el anarquismo criollo fue marginal dentro del espectro político y las grandes discusiones que se dieron en Chile en el período 1973-1994 al interior de la izquierda y los movimientos revolucionarios en general. No obstante, pensamos que es preciso relevar el importante rol que jugó la CLLA y los libertarios chilenos que conformaron el GPNA en París durante su exilio, en tanto ambas organizaciones permitieron la puesta en marcha de diversas manifestaciones y actividades por la liberación de presos políticos (chilenos y latinoamericanos) en Europa, así como por el amplio e incansable trabajo informativo y comunicacional que ejecutaron para denunciar las atrocidades de la Dictadura en Chile y de otros países de América Latina. Es decir, buscamos rescatar de la "prepotencia de la posteridad" —como señaló E. P. Thompson— los aportes de los exiliados libertarios en Europa en la reconstrucción del anarquismo criollo[7].

Por último, cabe resaltar que el rol que jugaron los exiliados libertarios de París en el proceso de recomposición del anarquismo chileno hacia fines de la década de 1970 y comienzos de la siguiente, no sólo se relacionó con el envío de recursos económicos sino también con material doctrinario —prensa, folletos, revistas, etc.—. Además, aportaron con propuestas en pos de la difusión anarquista y reconectaron, como ya hemos señalado, el anarquismo local con las redes del movimiento libertario internacional. Ahí radica su importancia.

---

7 Thompson, E. P. (2012) *La formación de la clase obrera en Inglaterra*. Madrid: Capitán Swing.

LOS ANARQUISTAS, LA UNIDAD POPULAR Y
EL GOLPE DE ESTADO

La masiva marcha del 1° de mayo de 1973 fue la última instancia de participación pública de los anarquistas en Chile antes del Golpe de Estado que puso fin de forma trágica y violenta a la experiencia político-social de la Unidad Popular[8]. Unos meses antes, en octubre de 1972, se había realizado el paro patronal en contra del gobierno de centro-izquierda azuzado por el "Frente Nacionalista Patria y Libertad", hecho que agudizó las tensas relaciones entre los sectores que apoyaban la "revolución con sabor a empanadas y vino tinto", pregonada por el oficialismo, y sus detractores. En consecuencia, el acto del 1° de mayo de 1973 estuvo permeado por los discursos en pro de la unión de la *lucha contra el fascismo*[9].

Pero ese histórico día no sólo marcharon los trabajadores afines a los planteamientos socializantes de la Unidad Popular, sino también, aquellos críticos del proceso que, por el contrario, apostaban por un socialismo libertario y autogestionario, alejado de las concepciones "estadocéntricas" tanto en sus versiones reformistas como aquellas más radicales que pregonaban la lucha subversiva[10]. Los anarquistas criollos, dispersos desde las discusiones verificadas al interior de la CUT, en la cual habían tenido una activa participación desde su fundación en 1953 hasta febrero de 1957[11], manifestaron su postura crítica respecto del socialismo pregonado desde el gobierno de Salvador Allende y sus aliados políticos.

---

8 Pinto, Julio (coord.) (2005) *Cuando hicimos historia. La experiencia de la Unidad Popular.* Santiago: LOM ediciones.

9 "Lucha actual está planteada entre explotadores y explotados", "La Nación", Santiago, 2 de mayo 1973, P. 8.

10 Véase: Pinto, Julio "Hacer la revolución en Chile", en Julio Pinto (coord.) (2005) *Cuando hicimos historia. Experiencias de la Unidad Popular.* Santiago: LOM ediciones.

11 Godoy Sepúlveda, Eduardo "Las luchas internas de la Central Única de Trabajadores (CUT) y el paro del 7 de julio de 1955: Dos tradiciones obreras en pugna", en "Yuyaykusun" N° 7, Revista del Departamento Académico de Humanidades de la Universidad Ricardo Palma, Lima, noviembre de 2014, P. 143-163.

A esas alturas existían en Chile dos sectores anarquistas identificables, pero al mismo tiempo marginales. Por una parte, el sector liderado por el ex cegetista Ernesto Miranda, que en 1972 dio vida al Movimiento Sindical Libertario (MSL) que convergió en el Frente de Trabajadores Revolucionarios (FTR), organización que aglutinó a corrientes revolucionarias no institucionalizadas, siendo mayoritariamente marxista; y, por otra, la Federación Libertaria de Chile (FLCH), en la cual militaron el viejo anarquista Juan Segundo Montoya, y otros conocidos libertarios de gran trayectoria política y sindical como José Ego Aguirre, Ramón Domínguez y Félix López[12]. La FLCH nació, después de la realización de dos congresos anarquistas, con pretensiones de constituir una coordinadora con alcance nacional frente a la dispersión de los militantes libertarios bajo la *vorágine* de la Unidad Popular[13].

En octubre de 1972, en el contexto del paro patronal, los miembros de la FLCH distribuyeron una declaración de principios en donde fustigaron en duros términos al "*autoproclamado GOBIERNO MARXISTA LENINISTA*" por pregonar, según sus concepciones, un "falso socialismo" y "desorientar" a los trabajadores. En consecuencia, los militantes de la FLCH llamaron en particular a los jóvenes a integrarse a la lucha por una "*nueva Sociedad Socialista Libertaria que ofrezca justicia*"[14].

Al año siguiente, los miembros dispersos de la FLCH, tras las discusiones llevadas a cabo con el sector mirandista en octubre de 1972, en el último intento unificador del espectro anarquista en Chile antes del Golpe de Estado, distribuyeron el 1° de mayo de 1973 el panfleto titulado: "1886 Primero de Mayo 1973. Día de protesta y Conciencia Social", firmando con el nombre de "Grupos

---

12 Véase: Ortiz, Óscar (2008) *Nuevas crónicas anarquistas de la subversión olvidada*. Santiago: Editorial La Simiente. P. 289-319.

13 Grupo Pedro Nolasco Arratia, "Movimiento libertario en Chile", París, 24 de noviembre de 1985, P. 2.

14 "Expresión de la Federación Libertaria", Boletín n°1, Santiago, octubre de 1972.

Anarquistas de Chile". En él, de nuevo discreparon con las políticas implementadas por el gobierno de Allende y lo criticaron a partir de las premisas libertarias[15].

Tras el Golpe de Estado se verificó el repliegue de todos los movimientos sociales y revolucionarios en Chile. La persecución política, la censura, la tortura, las desapariciones y la proscripción de derechos reinaron desde el mismo 11 de septiembre de 1973. Algunos anarquistas marcharon al exilio, en tanto fueron perseguidos por sus militancias previas en partidos de izquierda o por sus prácticas sindicalistas[16], otros permanecieron en el interior, al igual que muchos militantes de izquierda y simpatizantes del proyecto político de la Unidad Popular desde la base social.

A decir del historiador Víctor Muñoz los miembros de la FLCH: "*El día 11 de septiembre pretendían repartir un manifiesto que advertía del Golpe que venía. Pero ese mismo día fue el levantamiento militar. Según el veterano anarquista Néstor Vega, esas hojas se perdieron en algún río cercano a Santiago...*"[17].

Después de la intervención militar, la solidaridad anarquista internacional fue inmediata. La Federación Libertaria Argentina (FLA) emitió una declaración el 17 de septiembre de 1973 titulada "Frente al Golpe Militar en Chile". En ella señalaron:

"*Es un deber de todos los hombres de espíritu libre —aún por encima de las más respetables diferencias de enfoques del proceso*

---

15 Grupos Anarquistas de Chile, "1886 Primero de mayo 1973. Día de protesta y conciencia social", Santiago 1º de mayo 1973.

16 Grupo Pedro Nolasco Arratia, "Movimiento libertario en Chile", París, 24 de noviembre de 1985, P. 2. Se hace alusión en este documento a una treintena de anarquistas chilenos que partieron al exilio en Italia, Holanda, Inglaterra y Francia.

17 Muñoz, Víctor (2013) *Sin dios ni patrones. Historia, diversidad y conflictos de anarquismo en la región chilena (1890-1990)*. Valparaíso: Mar y Tierra Ediciones, P. 82. Versión ratificada por Roberto Torres Vega y por el mismo Néstor Vega Salazar. Entrevista a Néstor Vega Salazar, Santiago, 5 de marzo del 2019.

chileno— prestar la mayor solidaridad y aliento al valiente y digno pueblo hermano en la defensa de sus legítimos derechos y en las luchas que habrá de sostener cada vez más para asegurarse un destino de justicia y libertad frente a toda represión y toda dictadura"[18].

Pero no sólo hubo solidaridad desde el mundo libertario, sino también efectuaron balances críticos respecto del fracaso de la experiencia de la Unidad Popular, el cual fue analizado por la prensa anarquista internacional buscando lecciones para las luchas presentes y futuras. En la publicación "Presencia. Tribuna Libertaria" editada en París por Juan Mompeam, durante el primer trimestre de 1974, el articulista M. Chelles se refirió al *"esquema reformista de la toma del poder"* en su artículo titulado "A propósito de Chile y la Revolución". En él señaló:

"Lo que muestra hasta la evidencia el golpe militar chileno es que, tanto allí como en cualquier democracia liberal —y la reacción de la derecha de todo el mundo lo prueba—, la exigencia del mantenimiento del orden y de la legalidad como marco democrático de la revolución es una trampa nefasta. La 'legalidad democrática' está directamente ligada a la existencia de la propiedad privada, a la diferencia de clases, al sistema parlamentario, a los partidos políticos, al sufragio, hechos todos que quitan al 'pueblo' la posibilidad de actuar y comprender por propia iniciativa y perpetúan el sistema existente de dominación y explotación"[19].

---

18 Véase: "Frente al golpe militar en Chile", en "Reconstruir" N° 86, Buenos Aires, septiembre-octubre 1973, P. 9.

19 Chelles, M. "A propósito de Chile y la revolución", en "Presencia. Tribuna Libertaria", Toulouse, 1er trimestre de 1974, P. 8.

LA COORDINADORA LIBERTARIA LATINOAMERICANA (CLLA), EL GRUPO PEDRO NOLASCO ARRATIA (GPNA) Y EL EXILIO CHILENO EN PARÍS

En marzo de 1978 se creó en Francia la Coordinadora Libertaria Latinoamericana (CLLA). La ciudad de París se había constituido unos años antes en el centro de operaciones de los anarquistas de diversos lugares del mundo en el exilio, desde donde se articularon variadas iniciativas de difusión, información, propaganda, solidaridad y apoyo a Latinoamérica dominada por gobiernos autoritarios desde la década de 1960[20]. La CLLA estuvo conformada en su mayoría por chilenos, argentinos, uruguayos, colombianos y españoles, que buscaron desarrollar una red de cooperación con activistas de Austria, Italia, Suecia, Suiza, Holanda, Alemania, Grecia, Canadá, Estados Unidos, México, Uruguay, Perú, Bolivia, Brasil, Venezuela y con miembros del Movimiento Libertario de Cubanos en el exilio[21]. Es decir, con el anarquismo internacional.

Entre los chilenos que participaron en la gestación de dicha iniciativa podemos mencionar a Néstor Vega Salazar, su hermana Ana, y el hijo de ésta, Roberto Torres Vega, entre otros exiliados residentes en París, los que trataron de mantener vivos los vínculos con los dispersos anarquistas que vivían en Chile bajo la Dictadura de Pinochet, gracias al apoyo moral y económico del movimiento libertario europeo.

Roberto Torres Vega, en lo particular, provenía de una familia con militancia anarquista. Nació en 1954 en Santiago y en su juventud fue militante del Partido Socialista (PS) y dirigente de la Brigada Elmo Catalán. En 1971 fue expulsado del PS junto a otros compañeros —producto de sus posiciones antiautoritarias—, y luego de una breve militancia en el Movimiento de Izquierda Revolucionaria

---

20 del Pozo, José (2009) *Historia de América Latina y del Caribe: desde la independencia hasta hoy.* Santiago: LOM ediciones. P. 169-229.

21 del Solar, Felipe y Andrés Pérez, Andrés (2008) *Anarquistas. Presencia libertaria en Chile.* Santiago: RIL editores. P. 103-110.

(MIR) se vinculó a los minúsculos grupos libertarios existentes en Chile durante la Unidad Popular cuando conoció al veterano José F. Cortés, quien le proporcionó literatura anarquista (*El estado federativo* de J. P. Proudhon y folletos), y lo puso en contacto con otro militante de gran trayectoria en las luchas sociales y sindicales: Félix López Cáceres[22]. Luego del Golpe de Estado del 11 de septiembre de 1973 se refugió en París, aportando en la recomposición del anarquismo criollo durante las décadas de 1970-1990. Por otra parte, su madre Ana Vega Salazar, había sido una activa militante de las Juventudes Libertarias (JJLL) durante la década de 1960, al igual que su tío Néstor Vega Salazar ("Chungungo González"), el que se había desempeñado como dirigente sindical durante la Unidad Popular. Tanto Ana como su hermano Néstor se exiliaron en París luego de las gestiones realizadas por el joven Roberto —de 19 años y quien fue el primero que emigró— y, entre todos, llevaron a cabo una profusa labor propagandística en la capital gala gracias al apoyo brindado en un primer momento por la Federación Anarquista Francesa (FAF) y otras organizaciones libertarias de Europa, más tarde[23].

En estricto rigor, la CLLA comenzó a operar en marzo de 1978 compuesta por 15 individualidades de diversas nacionalidades siendo mayoritario el componente chileno que representó el 26% del total (4 de 15). En sus tres años de existencia sus principales objetivos fueron la articulación de los libertarios latinoamericanos exiliados en Francia, en la ciudad de París, y el desarrollo de una amplia labor informativa respecto de la situación represiva en América Latina[24].

---

22 Respecto de la figura de López, véase: Karning, Denis M. (1996) *Félix Lopez and the Chilean labor movement. Portrait of an anarchist in 20th century Latin America an oral testimony*, Thesis Master of Arts, University of Miami. Agradecemos al historiador Raymond Craib por enviarnos una copia desde New York, EE.UU.

23 Entrevista a Roberto Torres Vega, Santiago, 9 de agosto del 2017.

24 Pedro Nolasco Arratia, "Movimiento libertario en Chile", París, 24 de noviembre de 1985, P. 2.

A decir de Roberto Torres Vega, el cual participó en la fundación de la CLLA, el origen de ésta se relacionó con el contexto represivo de América Latina. Nos señaló:

> *"La Coordinadora se hizo porque había mucha represión en América Latina, habían muchas dictaduras y había poca información, y la poca información que había era manejada por los aparatos* [partidarios] *(…) Se crea como una respuesta, una necesidad de informar y de informarnos nosotros de lo que pasaba en América Latina"²⁵.*

Con dicho objetivo durante el mes de abril de 1978 los miembros de la CLLA desarrollaron charlas informativas sobre el movimiento obrero en Uruguay, Argentina, Chile y Colombia en el local del Círculo "García Lorca" de París y participaron en la conmemoración del 1° de mayo. Fecha en la que se dieron a "conocer en el mundo libertario francés" a través de la distribución de un folleto titulado "A los compañeros latinoamericanos. 1886 Primero de Mayo 1978" en el cual señalaron:

> *"El Primero de Mayo fue un símbolo de lucha del proletariado internacional por su emancipación. Ni los desfiles militares, ni las marchas 'bon enfant' de las centrales reformistas, podrán ocultarnos la profunda solidaridad internacional de la lucha. La autonomía obrera, la acción directa, sin jefes ni dirigentes, sin líderes máximos ni grandes timoneles, organizados en nuestros propios organismos de base, harán del movimiento revolucionario la herramienta de liberación"²⁶.*

Como resultado de su inicial trabajo propagandístico fueron contactados tanto por agrupaciones e individualidades como por editores de diversas revistas y publicaciones anarquistas de distintos

---

25 Entrevista a Roberto Torres Vega, Santiago, 9 de agosto del 2017.

26 Coordinadora Libertaria Latinoamericana (CLLA), "A los compañeros latinoamericanos. 1886 Primero de Mayo 1978", París, 1978.

lugares del mundo (Perú, Bolivia, Brasil, Argentina, Canadá, USA, etc.). Desde Perú, Emilio Rojas sostuvo:

> *"Creemos que su labor como Coordinadora podrá verse enriquecida con un vínculo más estrecho, directo, continuado con nosotros, para la tarea que cumplen a nivel de divulgación y apoyo a la lucha de los pueblos latinoamericanos, y en este caso particular, el Perú. Para nosotros una referencia mayor, una posibilidad de seguir creciendo y recibir apoyo a nuestras actividades"[27].*

Desde su fundación en 1978 participaron de un sinnúmero de manifestaciones en contra de la represión en América Latina y en los países de Europa del Este realizadas en las ciudades de París y Lyon junto a militantes de la FAF. Al mismo tiempo que tomaron contacto con grupos disidentes de Bulgaria y Rusia, es decir, de la órbita soviética.

En octubre de 1979, el grupo de militantes criollos de la CLLA gestionó y participó en el seminario sindical sobre la historia del movimiento obrero chileno en la ciudad de París. En aquella oportunidad se discutió en torno a un artículo escrito por el viejo anarquista Juan Segundo Montoya quien lo envío vía correo desde la ciudad de Talca[28]. En diciembre de ese mismo año participaron como "invitados" (observadores) al V Congreso de la CNT (en Madrid), instancia en la que tomaron contacto con diversas secciones de la AIT, en especial con los españoles exiliados en Venezuela que editaban la revista "Ruta"[29] y los noruegos de la central libertaria Norsk Syndikalistisk Forbund (NSF), *"dándoles información sobre*

---

27 Carta de Emilio Rojas a Ana Vega, Lima, 5 de noviembre de 1978.

28 Véase: "América Latina Libertaria. Boletín de Informaciones y Contactos", París, 1979, P. 1-15.

29 Véase: Montes de Oca, Rodolfo (2016) *Contracorriente. La historia del movimiento anarquista de Venezuela (1811-1998)*. Caracas-Madrid-Tenerife-Buenos Aires-Santiago: El Libertario-LaMalatesta-Editorial Eleuterio-Tierra del Fuego-La Cucaracha Ilustrada-Libros de Anarres.

gente nuestra en Chile" como señaló más tarde Néstor Vega. Desde su participación en dicho congreso varios grupos y sindicatos europeos "*se interesaron seriamente por ayudar al movimiento sindical libertario en general de Chile*"[30].

En mayo de 1980 miembros de la CLLA viajaron a la ciudad de Oslo para apoyar las campañas en contra la Dictadura de Videla en Argentina que se desarrollaron en dicha localidad de Europa del Norte. En aquella oportunidad los acompañaron María Esther Tello y Clara Gertel, una de las fundadoras de las "Madres de Plaza de Mayo". En el marco de estas actividades conocieron *in situ* la labor solidaria que venían desarrollando los miembros de la central anarcosindicalista NSF con los presos políticos chilenos y sus familias.

En el número n°35/36 de la revista española "La Bicicleta" se publicó un artículo titulado: "La Coordinadora Libertaria Latinoamericana define su posición y sus objetivos" fechado en noviembre de 1980. Vale señalar que en ese número dedicado a América Latina apareció una nota de la CLLA en la cual se consignó que colaboraron en la edición de la revista con "todo entusiasmo", pero se apresuraron en señalar que ello no significaba que asumieran: "*la responsabilidad ideológica de todos los artículos que el lector podrá encontrar en él*"[31].

En dicho documento la Coordinadora elaboró un diagnóstico de la situación socio-política y económica de América Latina y esbozó sus principales lineamientos de su trabajo propagandístico. Señalaron al respecto:

> "*Los últimos acontecimientos ocurridos en diversos lugares de América Latina nos han confirmado en nuestra idea de que:*
> *'luego de cuatro siglos de sometimiento, casi un siglo en las luchas de los trabajadores organizados y un poco menos de las*

30 Carta de Néstor Vega a José Ego Aguirre, París, 15 de enero de 1980.

31 "La Coordinadora Libertaria Latinoamericana define su posición y sus objetivos", "La Bicicleta", Valencia, enero-febrero de 1981, P. 91.

organizaciones políticas populares, comienzan a cobrar mayor fuerza los elementos comunes en la lucha latinoamericana'. Y eso sin olvidar las posibles repercusiones de una probable agudización del intervencionismo yanqui, tras la elección del 'súper reaccionario' Reagan a la presidencia de los USA"[32].

En él, además, criticaron el colonialismo, la política liberal burguesa y el reformismo continental, realzando las propuestas revolucionarias en América Latina con perspectivas antiautoritarias y antiimperialistas. Señalaron al respecto:

"Las variantes del saqueo de América Latina, del conquistador al capitalista, se han sucedido sin tener en cuenta sus necesidades de su desarrollo, las posibilidades y la enorme gama de recursos. Al día de hoy sobreviven colonias, estados feudales y dictaduras hereditarias constatables como una realidad, pero que no constituyen una perspectiva política ni tienen más destino histórico que desaparecer"[33].

Asimismo, señalaron las principales acciones que la Coordinadora desarrollaría en el corto plazo:

1. La solidaridad de todo tipo con los refugiados latinoamericanos en Europa, así como con todos los perseguidos en América Latina.
2. El apoyo a los movimientos anarquistas que existen y se desarrollan en América Latina, así como a todo el movimiento social que desarrolle en su práctica la autonomía de las masas y actúe en el sentido de su autoemancipación.
3. Facilitar a los compañeros y compañeras informaciones y contactos con los medios libertarios latinoamericanos e internacionales.

---

32 Ibid, P. 90.

33 Ibid, P. 91.

4. Difundir las ideas anarquistas entre los medios latinoamericanos de la región parisina y de otros países del mundo[34].

Respecto del primer punto, es preciso señalar que la CLLA realizó una activa campaña en Europa por la liberación de los presos políticos de la Vanguardia Organizada del Pueblo (VOP), despreciados no sólo por la derecha sino también por la izquierda chilena. Fundada en Chile en 1968 por ex comunistas y miristas, la VOP persistió en la lucha armada durante el gobierno de Salvador Allende. Es más, consideraban "reformista" el proyecto político de la Unidad Popular y como un "obstáculo" para alcanzar la revolución socialista. En su corto y agitado periplo revolucionario sus miembros llevaron a cabo expropiaciones de sucursales bancarias y supermercados, pero sin duda, la acción por la cual se ganaron el odio de todo el espectro político chileno fue el ajusticiamiento, el 8 de junio de 1971, del ex Ministro del Interior del gobierno democratacristiano de Eduardo Frei Montalva (1964-1970), Edmundo Pérez Zujovic, a quien se le atribuyó la responsabilidad política de la masacre de pobladores ocurrida en la ciudad de Puerto Montt, en el sur de Chile, el año 1969[35].

Asimismo, una de las destacadas labores de la CLLA fue la organización de diversos ciclos de charlas y giras de propaganda que se desarrollaron en Francia, Holanda, Italia y España, librada a esas alturas del yugo franquista.

Durante los días 31 de enero y 1° de febrero de 1981, los anarquistas chilenos participaron en la organización del "I Encuentro de Libertarios Latinoamericanos" realizado en la ciudad de París. En

---

34 Ibid, P. 90.

35 Para la historia de la VOP, véase: Pomar, Jorge "La Vanguardia Organizada del Pueblo (VOP): Origen, subversión y aniquilamiento. ¡El pan que con sangre fue quitado, con sangre será recuperado!", "XIV Encuentro de Latinoamericanistas Españoles: Congreso Internacional", Universidad de Santiago de Compostela/Centro Interdisciplinario de Estudios Americanistas Gumersindo Busto/Consejo Español de Estudios Iberoamericanos, 2010, P. 1496-1506.

esa oportunidad se reunieron europeos pertenecientes a grupos anarquistas e individualidades de Sudamérica que vivían el exilio en diversos países del viejo continente. En el cuadro que se presenta a

País	Nombre Grupos-Individuos	Delegados
Noruega	Norsk Syndicalistisk Forbum (NSF)	1
	Norwegian Coordination Commite for Union Solidarity (Latin America)	
Suecia	Sveriges Arbetares Centralorganisation (SAC)	2
	Núcleo Resistencia 23 de octubre (Uruguay)	2
	Fondo Latinoamericano Solidaridad	2
	Comunidad 21 Stokholm	4
Holanda	Imprenta Cooperativa "Raddraier"	1
	Kraker (Autónomos)	2
	Linda –Alfredo Individualidades	2
	Pareja Paraguayo-Colombiano	2
Italia	Grupo Libertario Chileno Bologne	1
Francia	Federación Anarquista Francesa (FAF)	2
	CES Perpignan	2
	UCT C.L. París	2
	CNT París	2
	CNT Lille (observador)	1
	Grupo Argentino Peronista de Base	1
	Individualidades españolas libertarias	6
	Individualidades francesas libertarias	6
	Individualidades chilenas libertarias	5
	Revista Ágora de Toulouse	2
	Monde Libertaire	1
Suecia	Revista Comunidad	1

Fuente
Apéndice: "Participantes al I Encuentro de Grupos e Individualidades Libertarias Latinoamericanas Exiliadas en Europa", en "Informe y comentario del I Encuentro de Libertarios Latinoamericanos en el Exilio", París, 14 febrero 1981 (6 páginas).

continuación se consigna el detalle de los participantes del encuentro: A decir de Néstor Vega, durante el día 31 de enero *"cada delegación dio a conocer las actividades que realiza, manifestando su interés por la situación de A. Latina, y dando a conocer que su presencia estaba motivada por ayudar a los compañeros en esos países, como a los trabajadores que hoy sufren la persecución y torturas, etc."*[36]. Asimismo, se socializó información respecto de la situación represiva en Argentina y Uruguay por parte de militantes anarquistas que estaban refugiados en Suecia[37].

Los libertarios chilenos en París, en particular, se refirieron al contexto socio-político chileno y a la labor llevada a cabo por un comité de solidaridad —creado por ellos— con los presos políticos del interior, señalando las limitaciones de su accionar por la falta de recursos y financiamiento. Frente a esa situación tanto los anarquistas suecos de la Sveriges Arbetares Centralorganisation (SAC) como los noruegos de la NSF-AIT dieron a conocer su interés en apoyar económicamente a los trabajadores y perseguidos de América Latina. Los militantes de la SAC señalaron que *"estaban dispuestos a integrarse a esta tarea"* y para dicho fin solicitaron *"mayor información"* respecto de los regímenes autoritarios. De igual modo, propusieron la creación de una *"buena coordinación a nivel Europeo que agilice la información"* y que permitiera, a la postre, la articulación libertaria en pro de los revolucionarios perseguidos de América Latina.

Los miembros de la NSF-AIT, por su parte, dieron a conocer los resultados "concretos" de su labor solidaria con Chile, Bolivia y Argentina que, por lo demás, habían comenzado a desarrollar cuatro años antes, es decir, desde 1978, el mismo año de la creación de la CLLA[38].

---

36 Grupo Pedro Nolasco Arratia, "Informe y comentario del I Encuentro de Libertarios Latinoamericanos en el Exilio", París, 14 febrero 1981, P. 1 y 2.

37 Ibid.

38 Ibid. P. 3 y 4.

Para el caso chileno informaron que sus esfuerzos habían permitido la libertad de 150 presos políticos de diversas trincheras político-ideológicas que vivían en Noruega. Entre los liberados se encontraban 9 ex militantes de la VOP[39]. Grupo que había sido *"duramente reprimido por el gobierno de ALLENDE"*. Respecto de sus miembros señalaron: *"que llevaban 9 y 10 años en prisión"*, y se destacó en lo particular, *"que en todos estos años, ningún partido político, ni Central Sindical, se interesó por solidarizarse con estos militantes de la izquierda chilena, dado el rechazo que siempre han manifestado al reformismo de los Partidos Políticos de la izquierda chilena, que son todos de carácter marxista"*[40]. Los militantes de la Norsk Syndikalistisk Forbund (NSF), asimismo, sostuvieron en dicha oportunidad que habían aportado con 13.000 dólares a los presos políticos y sus familias, así como a *"sectores de sindicatos autónomos que existen en Chile"*, sin precisar más detalles. En el caso boliviano, la labor de la NSF se complementó con la desarrollada por el anarquista Líber Forti[41] y los sindicatos de la COB (Central Obrera Boliviana), que consistió en presionar a la Junta Militar a través de una activa campaña de solidaridad por la libertad de los presos políticos. Asimismo, la NSF reunió 22.000 dólares que fueron entregados a la central boliviana para apoyar las luchas anti dictatoriales[42].

En el caso argentino, la NSF puso en marcha una activa campaña, iniciada en 1980, que permitió el deterioro de las relaciones comerciales entre la Dictadura de Videla y el gobierno noruego a través de acciones de sabotaje y propaganda. En lo particular, el sindicato Petrokjesmik Forening Raffnes, compuesto de 2.000 trabajadores,

---

39 Un ejemplo es el de Sonia Riveros Calderón, hermana de Ronald Riveros Calderón, que había sido condenada a perpetuidad. Véase: Carta de Néstor Vega a Félix López (Chile), París, 10 de marzo de 1980, P. 2.

40 Grupo Pedro Nolasco Arratia, "Informe y comentario del I Encuentro de Libertarios Latinoamericanos en el Exilio", París, 14 febrero 1981, P. 3.

41 Respecto de la trayectoria vital del anarquista Líber Forti, véase: Derpic, Gisela (2015) *En Libertad. Charlas con aquel que no está aquí*. La Paz: El Cuervo Editorial.

42 Grupo Pedro Nolasco Arratia, "Informe y comentario del I Encuentro de Libertarios Latinoamericanos en el Exilio", París, 14 febrero 1981, P. 3.

rechazó la presencia de 9 ingenieros argentinos que habían visitado la industria con la finalidad de "*estudiar en Noruega el proceso tecnológico de la petroquímica*"[43]. Es más, en una declaración pública reproducida en la prensa noruega el sindicato señaló de forma tajante que: "*ni hoy ni en el futuro, aceptarían la presencia de representantes de regímenes totalitarios, en sus factorías, ni menos entregar educación tecnológica a esos representantes*"[44]. Pero eso no fue todo. Además, reunieron dinero (25.000 dólares) para las Madres de la Plaza de Mayo cuya finalidad era "ayudar" a los familiares de los presos y desaparecidos, al mismo tiempo, que siguieron presionando a la Dictadura de Videla para esclarecer los casos de violaciones de DD. HH. y la proscripción de derechos sindicales[45].

En una carta fechada el 9 de marzo de 1980, Néstor Vega, uno de los principales articuladores de la CLLA, le comunicó al Secretario General de la CNT española, sobre sus vínculos con la Norsk Syndikalistisk Forbund de Noruega. En ella le señaló: "*Desde diciembre* [de] *1979 estamos en contacto con la NSF de Noruega, sección de la AIT, con quienes mantenemos una comunicación muy buena, es así como mejor podremos colaborar en un trabajo de solidaridad con A. Latina y de propaganda de nuestro ideal ácrata*"[46].

Dentro de las propuestas que se generaron en el I Encuentro de 1981 se pueden destacar las de la comunidad de Estocolmo, de Holanda y de Italia, relacionadas con la generación de actividades de solidaridad y apoyo a los presos políticos "*sin diferenciar su ideología*", así como el desarrollo de discusiones en torno a formas de lucha contra las dictaduras de América Latina[47].

---

43 Ibid, P. 3.

44 Ibid, P. 3 y 4.

45 Ibid, P. 4.

46 Carta de Néstor Vega al Secretario Nacional de la CNT (España), París, 9 de marzo de 1980, P. 2.

47 Grupo Pedro Nolasco Arratia, "Informe y comentario del I Encuentro de Libertarios Latinoamericanos en el Exilio", París, 14 febrero 1981, P. 5.

Sin embargo, y pese al ímpetu inicial del I Encuentro no se lograron los objetivos propuestos relacionados con la reunificación de grupos libertarios en el exilio y la coordinación de "tareas comunes". Es más, podemos señalar que la labor desarrollada por la CLLA fue modesta y su impacto estuvo circunscrito a la ciudad de París. No obstante, su limitado accionar, es preciso argüir que el cónclave se constituyó en una instancia de aglutinamiento, ayuda mutua y coordinación entre los anarquistas chilenos y otros exiliados latinoamericanos — en especial argentinos y bolivianos—, así como con los cenetistas españoles que desde la derrota de 1939 vivían su propia diáspora en diversos lugares del mundo: Argentina, Chile, México, Venezuela y Francia (Montpellier, París, Toulouse, etc.)[48]. Es gracias a la experiencia "fallida" de la CLLA que los libertarios chilenos en el exilio comenzaron a tejer una compleja red de solidaridad que se reflejó en el trabajo conjunto de apoyo a las luchas antidictatoriales en el interior, en el cual, aparte del grupo de París, destacaron las siguientes individualidades: Urbano Vergara (Italia)[49], Walter Reyes y Alfredo Domínguez (Holanda)[50], Ramón y Eolo Domínguez (Suiza), Rigoberto Pizarro (Londres), entre otros, que se relacionaron con organizaciones anarquistas en los países donde vivían el exilio[51]. La principal ayuda fue en un primer momento económica. A decir, de un informe del GPNA: *"Envíos de dinero en diferentes oportunidades permiten apoyar diversas actividades que realizan nuestros compañeros en Chile"*[52].

---

48 Véase: Alted, Alicia y Domergue, Lucienne (2012) *La cultura del exilio anarcosindicalista español en el sur de Francia*. Madrid: Ediciones Cinca.

49 Para la trayectoria de Urbano Vergara, véase: Alessandria, Alessandro (2013) *Dal Cile all'Italia. Cinquant'anni di militanza internazionalista*. Edizione Sensibili alle foglie Società cooperativa.

50 Según Néstor Vega, Walter Reyes era *"hijo de un dirigente portuario, de los mejores anarcosindicalistas de los años 1950-1964. Hoy dirigente del Sindicato de Jubilados del Gremio Portuario de San Antonio"* en: Carta de Néstor Vega a Øyvino Johnsen (Noruega), París, 22 de marzo de 1980.

51 Véase: Muñoz, Víctor *Sin dios ni patrones...* P. 86.

52 Pedro Nolasco Arratia, "Movimiento libertario en Chile", París, 24 de noviembre de 1985, P. 3.

Según el veterano anarquista Octavio Alberola[53], la continuidad y proyección de la Coordinadora fue el espacio informativo que varios libertarios chilenos desarrollaron al interior de la Radio Libertaire — vocera de la Federación Anarquista Francesa, FAF—, desde 1982, a través del programa "Tribuna Latinoamericana". En él, Néstor y su compañera Marie Lousie Bouzidi, junto a Ana, Roberto, entre otros, llevaron a cabo una profusa labor informativa en torno a la violación de los DD.HH. en América Latina azotada por dictaduras militares, pero también en torno a la resistencia popular en contra de dichos regímenes.

Complementando lo señalado por Alberola, habría que añadir, la creación por parte de la delegación chilena de la CLLA del "Grupo Pedro Nolasco Arratia", en abril de 1982, en el cual confluyeron un pequeño, pero activo, número de libertarios en el exilio europeo. En el documento titulado: "Presentación del grupo Libertario Chileno" se sostuvo que su fundación se relacionaba directamente con las labores no cumplidas por parte de los asistentes al encuentro de comienzos de 1981[54].

En abril de 1982, señalaron que su labor como grupo estaba enfocada a tres "campos": en el medio exiliado latino, en el contacto con el interior y en mantener relaciones con el medio libertario internacional. Respecto del primer campo, hicieron alusión a su participación en diferentes comités de solidaridad con Chile y otros países entre los cuales destacaban el "Comité de Solidaridad con el Pueblo de Chile", así como el "Comité de Exiliados Chilenos de Apoyo al Pueblo Polaco"[55]. En lo concreto, participaron en un debate realizado el 30 de enero de 1982, en París, sobre la situación político-social en Polonia al cual se invitó a diversas personalidades del mundo exiliado. En relación al segundo "campo", es decir, a sus vínculos con el interior, se señaló que

---

53 Comunicación personal, París, 6 de enero del 2018.

54 "Presentación del Grupo Libertario Chileno", París, 1º de abril de 1982, P. 1.

55 Ibid, P. 1.

mantenían *"desde ya más de 6 años"* contactos tanto con grupos como con individualidades libertarias en Chile y que su principal labor consistía en el apoyo económico para propaganda, aunque limitado, pues sólo se basada *"en los aportes de los compañeros de nuestro grupo"*[56]. Por último, señalaban que habían establecido, desde el punto de vista internacional, fluidas relaciones tanto con la Federación Anarquista Francesa (FAF) como con la Asociación Internacional de Trabajadores (AIT). Pero, sin duda, lo que permitió la consolidación del grupo y su relacionamiento con otras agrupaciones libertarias europeas y latinoamericanas fue la invitación de la Radio Libertaire a crear una emisión sobre las problemáticas, derivadas de los contextos represivos, que aquejaban a América Latina. En su primera intervención radial del 27 de marzo de 1982, hicieron alusión a la *"necesidad de entregar una información continua sobre la situación de esos países, entregada en forma seria por un sector libertario"*[57]. Vale precisar que aún el espacio radial se emite quincenalmente en la Radio Libertaire cuyo alcance es considerable en la ciudad de París.

Dentro de las actividades proyectadas por el grupo en su "carta de presentación" se pueden señalar la edición de un Boletín que les permitiese *"invitar a otros compañeros chilenos o de otras nacionalidades"* a participar en dicha instancia asociativa o bien a conformar otros grupos libertarios. Lo anterior se constituyó en una necesidad en tanto, sostenían, que *"existiendo una presencia de exilados latinos bastante en número, no se manifiesta en forma concreta, esta es una tarea que consideramos muy importante dado las condiciones de la situación de nuestro continente"*. Señalaban de forma tajante *"nuestros compañeros en el interior nos necesitan, como necesitan a todo el movimiento libertario internacional"*[58].

Labor que fue concretada durante el año 1979. La CLLA editó 3 números del Boletín de Informaciones y Contactos titulado "América

56 Ibid, P. 1.

57 Ibid, P. 2.

58 Ibid, P. 2.

Latina Libertaria". En la edición n°1 se estipuló: "*después de las catástrofes en cadena sufridas por los pueblos de América Latina en los últimos años, se ha hecho sentir la necesidad de un análisis crítico sobre las causas de la derrota de las fuerzas populares*"[59].

---

59 "América Latina Libertaria. Boletín de Informaciones y Contactos", París, 1979.

LA RECOMPOSICIÓN ANARQUISTA EN CHILE EN LOS AÑOS OCHENTA

"No podemos darnos el lujo de quedarnos a la otra orilla del camino"
Néstor Vega, 1980.

La profusa labor desarrollada por los libertarios en el exilio parisino permitió la articulación de los pocos y dispersos militantes anarquistas en el interior hacia fines de la década de 1970 y comienzos de 1980. Podemos sostener que los principales nexos en Chile con los miembros del Grupo Pedro Nolasco Arratia de París (GPNA) y la CLLA fueron tres viejos militantes con amplias trayectorias dentro del mundo anarquista de la primera mitad del siglo XX: José Ego Aguirre (de Santiago), Juan Segundo Montoya (de Talca) y Julio Reyes (de Llolleo, San Antonio). El puntapié inicial o la *base de partida* como la define Néstor Vega en una de sus misivas[60]. Más tarde se sumará el veterano anarquista Félix López Cáceres, reacio a participar en un primer momento.

A comienzos de 1980, Néstor Vega —bajo el seudónimo de "Chungungo González"—, envió una carta-entrevista a los viejos militantes anarquistas en Chile a través de José Ego Aguirre con la finalidad de recabar información y "tantear los ánimos" para el proceso de reanimación. En ella señaló que era de suma importancia que tanto los militantes (activos o no) como los simpatizantes la respondieran ya que era *"preciso saber en qué forma concreta se puede ayudar al sindicalismo libertario, o bien a desarrollar las ideas en la base de la población"*[61].

Las preguntas de dicha encuesta fueron las siguientes:

a) En lo sindical.

60 Carta de Néstor Vega a Øyvino Johnsen (Noruega), París, 12 de marzo de 1980, P. 2.

61 Carta-cuestionario elaborado por Chungungo González (Seudónimo de Néstor Vega), París, 15 de enero de 1980.

1. Un centro de educación sindical. ¿Cómo se podría desarrollar una labor constructiva?
2. ¿Qué es necesario? ¿Un periódico? ¿Creación de centros culturales? ¿Ateneos, bibliotecas?
3. ¿Cómo podemos colaborar desde Europa?

b) En el movimiento estudiantil-universitario.
  1. ¿Qué posibilidades existen de crear un movimiento autónomo?

c) En la base de la población.
  1. ¿Cuál puede ser nuestra labor?
  2. ¿Un cine de cultura popular (propio)?

La carta finalizaba con la siguiente nota:

> "*Como antecedente para responder; pedimos tener en cuenta que dada la actual situación en Chile es necesario, ir a la creación de un movimiento sindical autónomo, que aunque no sea un movimiento netamente libertario pueda ofrecer una alternativa a los trabajadores al margen de todo partido político*"[62].

La carta fue respondida por el viejo anarquista Juan Segundo Montoya residente en la ciudad de Talca, el cual escribió sus impresiones y reflexiones a José Ego Aguirre. En su misiva señaló:

> "*Apreciando este cuestionario, saco por cuenta que por fin los compañeros, tratan de encaminar sus actividades organizativas y de propaganda, hacia sectores comunitarios, que antiguamente no se tomaban en cuenta, porque se imaginaban que el sindicalismo lo era todo para las ideas anarquistas, cayendo en un extremado proletarismo, más por sentimentalismo que por interpretar a concepción amplia de nuestra filosofía, en lo*

---

62 Ibid, P. 2.

que respecta a la humanidad en sus múltiples facetas, porque debemos convenir, que si la actual sociedad está basada en la explotación del hombre por el hombre; no sólo los asalariados son los que sufren injusticias, porque si estos se revelan lo hacen, porque sufren en carnes propias los rigores de la explotación y la esclavitud gubernamental, lo que indica que el dolor los obliga a pensar y a incorporarse a cualquier movimiento revolucionario, sin tener convicciones filosóficas doctrinarias. Y como el marxismo está de turno en la fomentación de rebeliones, más de carácter político que con finalidades de terminar con la explotación del hombre por el hombre, sino más destinado a cambiar de forma de explotación y tiranía"⁶³.

Para poder dar inicio al proceso de rearticulación, los miembros de la CLLA y del GPNA escribieron, además, a aquellos que no siendo necesariamente anarquistas desde Chile les pudieran proporcionar información fidedigna para difundir en Europa. Grafica en este sentido es la carta de Néstor Vega a Lautaro Fontena, quien vivía en la comuna de La Cisterna en la ciudad de Santiago. En ella le señaló:

"Esta [carta] tiene como objeto tomar contacto contigo, para mantener una comunicación que nos permita estar al menos informado en forma seria de el [sic] estado social, económico de Chile. Desde un punto de vista apolítico, serio y responsable. Queremos preguntarte si tú podrías enviar una información de la situación chilena, cada 2 meses, como parte de un trabajo informativo, que aquí en Europa es muy apreciado"⁶⁴.

Pero eso no es todo. Ante una posible respuesta negativa de Fontena le pidió si podía ponerlo en contacto con Félix López "*dándole a conocer esta necesidad*", en tanto le había escrito en más de una oportunidad

---

63 Carta de Juan Segundo Montoya a José Ego Aguirre (Santiago), Talca, 29 de febrero de 1980.

64 Carta de Néstor Vega a Lautaro Fontena (Chile), París, 10 de marzo de 1980.

sin tener respuestas suyas[65]. Es por eso que a través de un "emisario" de confianza, que había estado en París, Néstor Vega le mandó una carta de forma presencial que debía ser entregada en sus manos. En ella le señaló a López:

> *"Mi apreciado amigo, insisto en mantener una comunicación con Ud., a través de esta carta que le será entregada por mano. Hace unos días volví a escribirle a su dirección (2ª carta en 1 mes), como no tengo la seguridad que estas hayan llegado a sus manos, insisto con esta carta. La persona que la lleva es de confianza"[66].*

En la misiva, Néstor Vega le comentó a López, además, varias de las actividades desarrolladas por el grupo de chilenos exiliados en Europa con la finalidad de motivarlo, incitándolo a participar, apoyando el proceso de rearticulación. Le contó que, en abril de 1979, la AIT había realizado un congreso de reestructuración —a raíz de la reaparición de la CNT en España con "gran energía"— en el cual se formó un Comité de Solidaridad con América Latina. También le informó sobre su activa participación junto a otros compañeros en el V Congreso de la CNT desarrollado el 8 de diciembre de 1979, en la ciudad de Madrid, "*donde entregamos* —señaló— *una amplia información verbal de la situación chilena*"[67].

Es preciso señalar, que las instancias mencionadas por Néstor Vega permitieron el trabajo de colaboración y coordinación de grupos y secciones de la AIT para Argentina, Chile y Uruguay en solidaridad con los presos políticos y sus familias, pero al mismo tiempo con una "*posible ayuda a grupos afines, sindicatos u otros organismos de base*"[68]. De hecho, Néstor Vega hizo alusión de forma explícita a los "deseos"

---

65 Ibid.

66 Carta de Néstor Vega a Félix López (Chile), París, 10 de marzo de 1980, P. 1.

67 Ibid.

68 Ibid.

de "varios sectores europeos" de *"ayudar en la reorganización del mov. libertario en Chile"*. Señaló sin preámbulos:

> *"Existe clara conciencia que hoy en Chile los trabajadores no están representados, ya que los grupos de burócratas, que dicen representarlos, como la Coordinadora Nacional Sindical, como FUT u otros, son sólo una aristocracia reformista que busca controlar el movimiento obrero, como a su vez utilizarlo, cuanto sea posible"[69].*

Por último, le comentó que desde París habían tomado contacto con "Ego" (José Ego Aguirre), pero que era imprescindible *"que todo simpatizante, militante, se ponga a trabajar por la reorganización de el* [sic] *movimiento libert*[ario] *"[70].* Y le ofreció para dicho fin material doctrinario y apoyo financiero con el objeto de llevar a cabo la edición de prensa libertaria en el interior.

> *"De aquí pueden ofrecerse varias cosas: 1) Periódicos, revistas afines de España (CNT, Solidaridad, Brecha Social, etc.) semanal, quincenal o mensual. De México 'Tierra y Libertad' y otros. De Venezuela 'Ruta'. 2) También si hay como hacerlo podemos financiar un órgano de prensa o bien lo podemos hacer afuera y lo podemos ingresar al país"[71].*

Sin embargo, era enfático en señalar que lo anterior no sería posible sin la estructuración previa de grupos en Chile que distribuyeran el material doctrinario enviado desde Europa, pero más importante aún, que estuviesen dispuestos, además, a escribir artículos, remitir fotos y *"otras cosas"*. Logrando lo anterior, *"ellos harían el resto"*[72].

---

69 Ibid, P. 2.

70 Ibid, P. 2.

71 Ibid, P. 2.

72 Ibid, P. 2.

Inclusive habían pensado, desde Europa, en la implementación de medidas de seguridad de los grupos anarquistas considerando el contexto represivo en Chile. Respecto de esta situación señaló:

> *"Alguien debe tener como informar (teléfono) y en 24 hrs., en diferentes ciudades de Europa se comenzaría una presión por la prensa, por grupos sindicales, a las embajadas, etc., como medio de protección de nuestros compañeros […] Esto ya se ha experimentado con los presos en Chile y Argentina, con buenos resultados"[73].*

Y si lo anterior fuera poco, Vega propuso la creación de *"un grupo que use una pantalla y pueda instalar un cine cultural gratuito en alguna población"* o en su defecto, algún club deportivo para el mismo fin. En el caso de concretarse la creación de ese espacio de socialización se enviaría desde Europa material audiovisual relacionado con "historia social", en particular sobre temáticas relacionadas con la Revolución Española y las colectivizaciones, la huelga de hambre de las mujeres de los mineros bolivianos, las tomas de tierras en Perú, el movimiento campesino mexicano, la liberación femenina ("La mujer en Marruecos"), y, por último, documentales alusivos a la vida de los animales ("Apoyo mutuo"), cuyo carácter era "educativo". Según Néstor Vega, había *"mucho material donde elegir"* ya que el *"cine militante es un arma en Europa y muy barato"*[74]. Para finalizar señaló *"¡Creo que tenemos que crear cosas nuevas o recuperar cosas viejas!, pero no podemos darnos el lujo de quedarnos a la otra orilla del camino"*[75].

Huelga señalar que José "Ego" Aguirre fue el principal articulador en 1979 del Centro Cultural Ernesto Miranda, así como del "Comité de Relaciones Libertarias" de Santiago[76] creado a comienzos de 1980,

---

73 Ibid, P. 4.

74 Ibid, P. 4.

75 Ibid, P. 4.

76 Grupo Pedro Nolasco Arratia, "Movimiento libertario en Chile", París, 24 de noviembre

instancias organizativas que permitieron, poco a poco, y gracias al apoyo de Europa la recomposición del anarquismo criollo disperso y fragmentado. El vínculo directo con el grupo de París fue Ana Vega, la cual ofició de Secretaria de Correspondencia del GPNA. Los demás anarquistas contactados a través de "Ego" si bien aportaron en las reflexiones en torno al estado del anarquismo en Chile se restaron de participar orgánicamente.

En relación a la fundación del Centro Cultural Ernesto Miranda, Juan Segundo Montoya señaló:

> *"Me alegra que después de varias tentativas hayan logrado formar un 'Centro Cultural' con las posibilidades de llevar adelante un trabajo de organización y captación de militantes libertarios. Pero sigo insistiendo en que debemos acometer una organización proyectadas con miras a constituir un movimiento con mayores amplitudes, y que desde ya gravite públicamente, de manera que [se] llegue a saber en todas partes, que existimos y que somos diametralmente opuestos al marxismo y a los partidos políticos en general. Y para esto tenemos que confeccionar un manifiesto, con el fin de poner bien en claro que no llevamos velas en el entierro de la Unidad Popular, y que antes ni ahora nada puede ligarnos al izquierdismo político marxista"[77].*

El "Ego" como era llamado por sus compañeros había nacido en Perú. Era *"peruano de nacimiento"* y *"chileno por opción de lucha"* como señalaron los editores de la segunda época de la revista "Hombre y Sociedad" tras su fallecimiento el 2003 en la ciudad de Temuco[78]. Había tomado contacto con las ideas anarquistas a comienzos de la década de 1930 en el norte de Chile cuando trabajó de mecánico en

---

de 1985, P. 3.

77 Carta de Juan Segundo Montoya a José Ego Aguirre (Santiago), Talca, 29 de febrero de 1980.

78 "Recordando al compañero Ego", en "Hombre y Sociedad" n°15/16, 2da época, Santiago, marzo del 2003, P. 3.

la mina de Chuquicamata. En ella conoció a un obrero analfabeto llamado Santiago Ramos, quien le pedía que le leyese folletos anarquistas que recibía de la capital. Fue así como *"mientras le leía estos folletos, letra tras letra, hoja tras hoja, las convicciones de su amigo le entraban al cuerpo… y tan hondo fue que le llegaron, que ya nunca más pudo alejarse de ellas"*[79]. Desde ese momento, fue parte de orgánicas anarquistas en diversas ciudades de Chile durante la primera mitad del siglo XX. Del "Grupo Pascual Vuotto" (Chuquicamata), de la IWW (Santiago), del "Grupo Tierra y Libertad" (de La Legua), entre otras. A decir de los editores de "Hombre y Sociedad": *"Durante décadas trabajó en espacios sindicales y poblacionales, se dedicó a fundar y escribir periódicos anarquistas, y tomó parte de todas las iniciativas de organización de los anarquistas en Chile; fue militante de cuantas federaciones y grupos se formaron"*[80].

La importante labor de José Ego Aguirre consistió en lo concreto en contactar a los viejos militantes anarquistas que tras el Golpe de Estado de 1973 se habían retirado a sus hogares. Tal era el caso de Juan Segundo Montoya, el cual se dedicó al cultivo del naturismo, y Félix López, quien, desilusionado, se había distanciado del mundo anarquista y de sus otrora compañeros de ruta.

En el caso particular de Juan Segundo Montoya, podemos señalar que después del bombardeo a La Moneda, visitó durante breves períodos la ciudad de Osorno, alojándose en la casa de su antiguo amigo naturista (ex miembro de la CGT), Alfonso Fuica Morán, quién falleció durante el mes de diciembre de ese mismo año. En la casa de los Fuica González, implementó una precaria e improvisada consulta iriológica donde atendió a sus pacientes locales. Desde ese entonces, y con 74 años de edad, comenzó a destinar muchas de sus fuerzas a la "propagación" del naturismo libertario practicando la iriología en Talca, y en otros pueblos y ciudades de la región del

---

79 Ibid.

80 Ibid, P. 3 y 4.

Maule —San Clemente, Linares, Curicó, etc.—, donde residía desde 1942. Con la misma finalidad viajaba una vez por mes al sur austral de Chile, recorriendo las ciudades de Temuco, Puerto Montt, Valdivia y Osorno, entre otras.

Durante la Dictadura de Pinochet el naturismo fue nuevamente la enmascarada de las actividades políticas y sindicales de Juan Segundo Montoya. Pero no fue el único. Los antiguos libertarios de Osorno también llevaron cabo dicha estrategia tratando de hacer frente a la Dictadura pinochetista. El peluquero Wenceslao Canales —amigo de Montoya desde la década de 1930 y ex militante de la CGT— fundó el Centro de Estudio y Cultura Naturista de Osorno en 1974. Era la segunda vez que ambos convivían en un régimen militar. El primero había sido el régimen autoritario de Carlos Ibáñez de Campo (1927-1931).

Félix López por su parte había sido un destacado militante anarquista de la CGT (1931-1953) y luego de participar en la Federación Libertaria de Chile (FLCH) durante la Unidad Popular (1970-1973), tras el Golpe de Estado se retiró de la escena pública, auto marginándose del resto de sus compañeros. Néstor Vega describió de la siguiente forma a López: *"es un elemento a toda prueba, hombre de principios, de una larga y sufrida trayectoria sindical, delegado a España durante la revolución del movimiento libertario chileno […] reconocido enemigo de los marxistas, temido por su capacidad y su visión ácrata"*. Y proseguía: *"Félix es un hombre muy responsable, se mantiene hasta hoy (al margen) del Comité de R. Libertarias, pero conoce a toda la gente que en Chile puede trabajar por las ideas de norte a sur"*[81].

La labor solidaria de los libertaros chilenos en el exilio y de José Ego Aguirre en el interior, prontamente comenzó a dar réditos. En abril de 1980, en plena Dictadura, se creó en Chile un minúsculo grupo llamado Comité de Relaciones Libertarias que tuvo como principal

81 Carta de Néstor Vega a Øyvino Johnsen (Noruega), París, 1° de abril de 1980.

objetivo la coordinación entre la "base" poblacional, estudiantil y sindical para intentar hacer frente a la *Dictadura pinochetista*. Su misión era involucrarse en la oposición y encauzar la resistencia desde una perspectiva libertaria y recomponer al anarquismo local.

Producto de su labor propagandística clandestina, el 16 de julio de 1980, detuvieron en Santiago a once de sus integrantes: *"Desde entonces confirmaron la decisión de actuar abiertamente a través de grupos que no se denominaran explícitamente anarquistas"*[82].

En los años ochenta se fundieron dos generaciones de suma importancia en las transformaciones que empezaron a operar en el mundo libertario local. A decir de Néstor Vega durante este período se complementaron el *"elemento viejo y joven que lucha por dar vida a nuestras ideas, en un trabajo de base"*[83]. Es decir, jóvenes con inquietudes político-sociales y los antiguos veteranos que permitieron la perpetuidad de la *memoria libertaria* a través de sus relatos orales.

Producto de esta síntesis, a fines de 1984 se fundó el Centro de Estudios Sociales "Hombre & Sociedad", otra de las iniciativas importantes durante el régimen militar. A decir de los miembros del GPNA: *"Es esta Coordinadora la resultante de un trabajo largo, bajo la dictadura militar de los compañeros del Interior y del exilio"*[84]. De hecho, Roberto Torres viajó desde París a Santiago, el mes de febrero de 1985, después de un arduo trabajo en el interior que *"logra reunir a diferentes individualidades libertarias que deciden organizarse. Así nace la Coordinadora Hombre y Sociedad"*[85].

---

82 Véase: Grupo Pedro Nolasco Arratia, "Informe sobre grupo libertario en Santiago", 26 diciembre de 1985; Grupo Pedro Nolasco Arratia, "Consecuencias posibles de la experiencia solidaria en el Exilio latinoamericano", París, 10 febrero de 1982; Grupo Pedro Nolasco Arratia, "Documento Informativo Chile 1970-1973", París, marzo de 1981.

83 Ibid.

84 Grupo Pedro Nolasco Arratia, "Movimiento libertario en Chile", París, 24 de noviembre de 1985, P. 3.

85 Ibid.

En ella, confluyeron viejos anarcosindicalistas, como era el caso de José Ego Aguirre y Eduardo Aliste. La organización pasó a la legalidad con la siguiente directiva: "*Presidente: Eduardo Aliste; Secretario: Óscar Ortiz, Tesorero: Humberto Ortiz*". De igual modo, firmaron la escritura pública del Centro de Estudios, Elías Castro y José Ego Aguirre. Según Felipe del Solar y Andrés Pérez: "*El objetivo real de esa organización fue insertarse en la contingencia pública, introduciendo un discurso anarquista para marcar un contrapunto en el proceso de retorno a la democracia, orquestado por los partidos políticos de oposición a Pinochet*"[86].

En lo concreto su trabajo se desarrolló en 4 líneas[87]:

a. En la Liga Por la Paz. Organización creada en 1980 a raíz del conflicto fronterizo con Argentina por el Canal Beagle y conformada por el Centro Cultural Ernesto Miranda, Frente de Liberación Femenina, Tendencia Autónoma de Bases (TAB), Frente Ecologista y el Comité de Defensa del Pueblo Polaco.

b. En el Movimiento Sindical. A través de la participación en el Movimiento Sindical Unitario (MSU). En noviembre de 1985 crearon una organización de trabajadores libertarios al interior del MSU compuesta por la Federación de Taxis Colectivos de Maipú, el Sindicato de la Locomoción Colectiva y el Sindicato de Ferias y Cachureos Sector Sur.

c. En el Movimiento Estudiantil Universitario. En este ámbito el trabajo fue más bien complejo debido a la intervención en las universidades, en especial, en la Universidad de Chile y su rector designado por los militares.

d. Mediante la difusión del antimilitarismo. En esta línea la Coordinadora llevó a cabo la publicación de documentos clandestinos a través de los miembros de la Liga por la Paz.

---

86 del Solar, Felipe y Pérez, Andrés, *Anarquistas. Presencia libertaria...*, P. 91.

87 Grupo Pedro Nolasco Arratia, "Movimiento libertario en Chile", París, 24 de noviembre de 1985, P. 3.

Gracias al financiamiento que recibieron desde París, los miembros del Centro de Estudios "Hombre & Sociedad" editaron un boletín del mismo nombre ("Hombre y Sociedad") a través del cual informaron a los libertarios exiliados en Francia sobre la situación política, económica y social en Chile, quienes se encargaron, a su vez, de difundir la información proveniente del interior en Europa. El boletín, en lo particular, "*ve por primera vez la luz, el año 1985, en un contexto de aguda crisis del régimen de Pinochet, y con movilizaciones de masas muy importantes*"[88]. Según Óscar Ortiz, quien ofició de director del boletín, éste: "*Fue una publicación mensual*" y se editó "*por cuatro años, más algunos números extraordinarios como para el Primero de Mayo*". Su tiraje fue "*de aproximadamente 100 o 150 ejemplares cada publicación*". Escribieron José Ego Aguirre, Orlando Villarroel, Eduardo Aliste, Guillermo González, el español Cosme Paules, además de incorporar notas que llegaban desde afuera de Chile[89].

Como señalan Del Solar y Pérez, respecto del boletín:

> "*La línea editorial se caracterizaba por descargar su descontento hacia la clase política en su conjunto, la izquierda tradicional, el problema de los presos políticos y, sobre todo, el proceso de transición a la democracia encabezado por los partidos políticos de oposición al régimen militar*"[90].

En la edición n°2, correspondiente al 1er trimestre de 1986, en las "Notas de derechos humanos" sostuvieron a propósito de los diversos comités de DD.HH., existentes en Chile:

> "*En lo interno ha primado un sentido selectivo de Preso Político, que se ha traducido en una clasificación de rasgos procesales,*

---

88 "Recordando al compañero Ego", en "Hombre y Sociedad" n°15/16, 2da época, Santiago, marzo del 2003, P. 4.

89 Entrevista a Óscar Ortiz, Santiago, 13 de agosto del 2017.

90 del Solar, Felipe y Pérez, Andrés, *Anarquistas. Presencia libertaria...*, P. 91.

y que ha impedido agilizar muchos procesos penales. Esta jerarquía imperante a trabado las gestiones de definición de algunos recluidos que ya cumplieron condena, y que por falta de iniciativa y de voluntad ante países amigos aún tengan que permanecer internos por falta de visa. Tampoco han quedado sustraído[s] de esta visión elitéstica [sic] los familiares directos que han sentido como una casta privilegiada, utiliza conductos que le permiten subsistir holgadamente, gracias a ciertos 'padrinos internacionales'"[91].

El grupo si disolvió en 1988 tras las discusiones que se dieron en su interior respecto de la participación (o la no participación) de sus miembros en el plebiscito que decidiría la salida de Pinochet. A decir de Óscar Ortiz, el año 1988 *"Ya no existía el proyecto inicial y hubo diferencias frente al plebiscito. También creo que mucha gente vendía el anarquismo, tenían un discurso y su actuar no era coherente"*[92].

A decir de Víctor Muñoz:

"El grupo no pudo crecer ni proyectarse, aún con la ayuda económica que llegaba de Europa. Según algunos contemporáneos, aquello se debió a que sus miembros, viejos sindicalistas, eran demasiado autorreferentes y no elaboraron un nuevo discurso acorde a los tiempos. Por lo demás no respondían a las expectativas de los compañeros europeos solicitantes de informes y documentos similares"[93].

Es preciso señalar que si bien el boletín "Hombre y Sociedad" tuvo un alcance limitado (producto de su difusión mano a mano), el grupo editor se constituyó en un "referente" para las nuevas generaciones y

---

91 "Notas de derechos humanos", en "Hombre y Sociedad" n°2, Santiago ,1 er trimestre de 1986, P. 1 y 2.

92 Entrevista a Óscar Ortiz, Santiago, 13 de agosto del 2017.

93 Muñoz, Víctor, *Sin dios ni patrones...*, P. 84.

su "vocero" en un "mito" que dentro del *mundo libertario* en Chile es valorado hasta el día de hoy.

LOS ANARQUISTAS Y LA TRANSICIÓN EN CHILE

A fines del año 1988 se fundó el "Colectivo de Comunicación y Prensa Libertaria" en la ciudad de Santiago, el cual a decir del periodista Cristian Sotomayor, produjo —en un primer momento— un par de programas radiales para la Radio Libertaire de Francia[94] ya que uno de sus integrantes era Roberto Torres Vega, el nexo directo con el GPNA de París, que retornó de su exilio ese mismo año junto a Jorge "Lolo" Saball (ex militante del MAPU), también ligado a iniciativas anarquistas en Europa.

Posteriormente, la agrupación cambió de nombre a "Colectivo Anarquista" cuya principal actividad propagandística consistió en la edición del primer número del periódico "Acción Directa" (el n°0), que fue publicado en agosto de 1990. En el editorial sus miembros señalaron: *"Cuando los autoritarios y los detentadores del poder nos creían aniquilados, sin voz, y parte de la leyenda, aparece Acción Directa, prueba concreta de que existimos y continuamos nuestra lucha contra toda forma de explotación y dominación"*[95].

De igual modo, se refirieron a las características de la labor desarrollada por los anarquistas durante el período 1973-1989 de la que se sentían herederos.

"Durante estos 16 años, los anarquistas han participado activamente, pero de manera individual, en la lucha contra la dictadura militar, por la defensa de los derechos humanos, sindicales, laborales y sociales; y por la difusión de la cultura libertaria entre los oprimidos. Algunos lo hicieron activamente desde el exilio, en tareas de apoyo y solidaridad antidictatorial. La aparición de nuevas formas de lucha y organización

---

94 Véase: http://amoryrebeldia.blogspot.cl/2009/06/santiago-diciembre-17-de-1992.html [consultado el 25 de agosto del 2017].

95 "Anarquismo en Chile. Una alternativa que renace" (Editorial), en "Acción Directa" n°0, Santiago, agosto de 1990, P. 1.

antiautoritarias a nivel poblacional, estudiantil y laboral, han llevado a que los anarquistas chilenos se planteen la necesidad de tener una presencia activa y organizada en el movimiento social. Esto no significa que nuestra intención sea constituir un partido jerarquizado y orientado hacia la toma del poder político del Estado o el control de la sociedad. Lejos de ello, nuestra intención es aportar al desarrollo y cristalización del movimiento social e intrínsecamente antiautoritario que se ha desarrollado en vastos sectores de la sociedad. Por tanto, en él no habrá lugar para los caudillos, secretario generales vitalicios, 'amantes del poder, o autoritarios de cualquier pelaje"[96].

El Colectivo Anarquista comenzó su *"campaña de información alternativa"* durante el mes de septiembre de 1990. Sus miembros participaron en las manifestaciones del 4 y 11 de septiembre, es decir, en el entierro (del cuerpo) de Salvador Allende y en la romería en recuerdo de las víctimas de la Dictadura, respectivamente. Como resultado de la visibilización pública del Colectivo *"debido al gran interés de la gente por conocer más sobre el anarquismo"* surgió la Coordinadora Anarquista, la cual reunió y articuló a distintos grupos autónomos de Santiago y Puente Alto, al mismo tiempo que mantuvo relaciones con organizaciones libertarias de las ciudades de Iquique, Valparaíso, Concepción y con organizaciones del extranjero (europeas y de América Latina).

Los grupos e individualidades que confluyeron en la Coordinadora Anarquista participaron en la marcha del 12 de octubre de 1990, solidarizando con los pueblos indígenas en su lucha por la autodeterminación y en contra de la *"celebración del etnocidio sufrido a manos del imperio español y del Estado chileno"*[97].

---

96 Ibid.

97 "En solidaridad con los pueblos indígenas. Anarquistas en las calles de Santiago", en "Acción Directa" n°1, Santiago, febrero de 1991, P. 1.

Las múltiples actividades desarrolladas por la Coordinadora nos dan cuenta de las transformaciones que comenzaron a operar en el anarquismo chileno a comienzos de los años 90.

Llevaron a cabo, principalmente, charlas-debates sobre las ideas del anarquismo y su posición actual en las luchas antimilitaristas, ecologistas, feministas, cooperativistas, autogestionadas e indígenas. Al mismo tiempo que se interesaron por la "contracultura", "antipedagogía" y "antipsiquiatría"[98].

Desde el punto de vista práctico, relevaron la *acción directa* como método de lucha, y se apresuraron en señalar que la propuesta de la Coordinadora no era sólo teórica: "*Tenemos planteamientos concretos sobre creación de trabajos alternativos y autogestionarios en los distintos lugares de la vida social y comunitaria*"[99]. A propósito de la labor desarrollada por sus militantes señalaron:

> "*En estos momentos, los integrantes de los grupos autónomos y las individualidades adheridas a la Coordinadora están desarrollando actividades de acuerdo a sus respectivas preferencias. Es así como hay quienes trabajan junto con los presos políticos, con las organizaciones de derechos humanos, y otros realizan acciones de solidaridad en poblaciones a través de jornadas culturales y musicales*"[100].

En el plano de la agitación y la propaganda en las calles, los miembros de la Coordinadora también participaron en las manifestaciones de repudio a la visita de George Bush a Chile a fines de 1990 y de las intervenciones estadounidenses a Medio Oriente. Señalaron en su vocero "Acción Directa": "*Nuestra presencia también se hizo sentir para repudiar en las calles la visita de George Bush, en manifestaciones contra la guerra del golfo pérsico*"[101]. En el artículo "El asesino siempre vuelve al lugar del crimen" utilizaron una retórica violenta en contra de Bush

---

98 Ibid.

99 Ibid.

100 Ibid.

101 Ibid.

y de sus políticas imperialistas:

"El motel llamado Chile recibe visitas ilustres: ayer los reyes de España, hoy, George Bush. Bush es uno de los representantes del imperialismo y la explotación a nivel mundial. Imperialista porque los pueblos oprimidos están bajo la dependencia política y económica de los Estados capitalistas, que son los ejes centrales de la dominación, los cuales obtienen sus riquezas a costa de la miseria de nuestros pueblos. Los anarquistas decimos que los seres humanos y sus pueblos no son propiedad de nadie; queremos un mundo sin fronteras, sin explotación, sin hambre ni muertes evitables, queremos un mundo distinto. El capitalismo nacional e internacional, no solucionan nuestros problemas. Bush viene como profeta, alabando y profundizando el sistema que no nos gusta y que nos explota para poder sobrevivir"[102].

Finalizaron su artículo señalando: *"A la mierda de dónde viene y por qué viene el ilustre bastardo Bush, intervencionista en Panamá, en el Medio Oriente y en todo el mundo. Cómplice del golpe de Estado en Chile en 1973 cuando dirigía la CIA. Rechacemos al imperialismo y a sus sostenedores"*[103].

En los dos números del periódico "Acción Directa", editados por el Colectivo Anarquista es posible advertir las nuevas preocupaciones de sus exiguos militantes (y simpatizantes) en Chile. En las páginas de "Acción Directa" n°0, de agosto de 1990, se incorporó un *dossier* informativo sobre la situación del anarquismo en países como Polonia, Checoslovaquia, Hungría, Alemania del Este y la URSS. De igual modo, se constata la preocupación de sus miembros por el "ecologismo" vinculado al "cambio social". De hecho, publicaron un fragmento del prólogo del libro "Ecología de la libertad" del anarquista estadounidense Murray Bookchin.

---

102 Ibid.

103 Ibid.

En el número 1, de febrero de 1991, las temáticas de "Acción Directa" se diversificaron mucho más. Se incorporaron temáticas de género y relacionadas con los pueblos indígenas, en particular del mapuche. De hecho, el artículo central del periódico se tituló: "La historia que no se cuenta en las escuelas: El Estado chileno contra el pueblo mapuche (o de que forma la República de Chile logró terminar con la autonomía de los antiguos habitantes de Arauco)", el cual destaca por su rigurosidad y fundamentación histórica. Para su elaboración se basaron en el cuadernillo "El pueblo mapuche: historia antigua y reciente" (1984) del Grupo de Investigaciones Agrarias de la Academia de Humanismo Cristiano. En un recuadro señalaron a modo de conclusión:

> *"Hemos visto como un pueblo numeroso, hábil y audaz; que disponía de extensos territorios que les permitía vivir holgadamente; que tenían sus propias formas de gobierno, de vida, sus costumbres, poco a poco es exterminado, perseguido, acorralado, despojado de sus bienes y finalmente sometido a la dominación de los recién llegados. Hemos admirado la determinación y el tesón de su lucha por conservar su territorio, su identidad, lucha que aún hoy continua. Esta historia nos permite comprender mejor la situación de pobreza y discriminación actual de este pueblo, y la justeza de sus reivindicaciones"[104].*

Pero sin duda una de las principales preocupaciones del Colectivo Anarquista fue el proceso de "transición" que se vivió en Chile una vez finalizada la Dictadura Militar y, en consecuencia, criticaron lo que denominaron su "mistificación". Señalaron al respecto:

> *"Muchos han mistificado la 'transición chilena', intentando olvidar o negar las contradicciones que existen en nuestra sociedad, como por ejemplo, Capital/Trabajo, gobernantes/*

---

104 "La historia que no se cuenta en las escuelas: El Estado chileno contra el pueblo mapuche (o de que forma la República de Chile logró terminar con la autonomía de los antiguos habitantes de Arauco)", en "Acción Directa" n°1, Santiago, febrero de 1991, P. 5.

gobernados, autoridad/libertad. Además, las organizaciones políticas impulsan una investigación formal sobre las violaciones a los derechos humanos ocurridas durante los últimos 16 años, esperando poder amnistiar a los culpables. Mientras aquellos que lucharon contra la dictadura aún se encuentran en las cárceles, sin que se vea una solución a corto o mediano plazo, los responsables por todos conocidos de aquellas violaciones, se pasean libremente e incluso varios de ellos ocupan cargos importantes: parlamentarios, aparato jurídico, FF.AA., y de orden, etc."[105].

Y si bien reconocían que el "cambio" a un sistema político "democrático" les permitía a los anarquistas, y revolucionarios en general, actuar con "más libertad" —lo que se traducía en un "respiro para el pueblo de Chile"—, señalaron que eran conscientes que las "estructuras de dominación" seguían intactas: mantención del sistema de explotación, de los aparatos represivos, del parlamentarismo, de la dominación estatal, etc. Por ende, sostenían, había que cuestionar los pilares que lo sustentaban: FF.AA., Iglesia, Poder Judicial, etc., pero al mismo tiempo desarrollar formas de organización autogestionadas y autónomas, al margen del Estado y de los partidos políticos.

Asimismo, se refirieron al *"show electoral que se desencadenó en 1989"*. Según sus planteamientos, pretendió hacer olvidar que se llevó a cabo con las reglas electorales de la Dictadura, pero la "sed del poder", acentuada por 16 años sin participar en la gestión estatal, desató luchas internas por los cupos, pasando a segundo plano las justas reivindicaciones de los que lucharon contra la Dictadura. Para el Colectivo Anarquista quedó claro que: *"los que lucharon sólo fueron carne de cañón para que aquellos que llamaron a los militares pudieran recuperar sus puestos de 'honorables' representantes del pueblo".* Para los anarquistas los dirigentes de los partidos se habían apropiado *"de la lucha del pueblo por su liberación"* y eran incapaces de *"solucionar la*

---

105 "¿Transición? A la ¿qué? Ahora es casi democracia... ahora ya no nos mienten... sólo nos engañan", en "Acción Directa" n°0, Santiago, agosto de 1990, P. 8.

dramática situación económica de los sectores populares[106].

"Esta frustración de los chilenos postergados reactivará la lucha por la libertad y la justicia. Cada vez son más los que se dan cuenta de que sólo la organización autónoma en conjunto con la movilización social y la solidaridad permitirían resolver los problemas que les aquejan. Hasta el momento, la nueva situación política da a la opresión rasgos menos violentos, pero no la disminuye. Por el contrario, esta última puede significar una mayor capacidad de hegemonía gubernamental, convirtiendo al movimiento social en un apéndice del Estado"[107].

También abordaron la *"crisis del sindicalismo en Chile"*, la cual no sólo relacionaron con el Plan Laboral implementado por la dictadura, sino también con la *"dependencia de los partidos políticos"*. Señalaron que mientras el sindicalismo no lograra su autonomía respecto del Estado y los partidos políticos, nunca llegaría a constituirse como *"el representante de los intereses de los explotados"*[108]. Es más, sostuvieron que ésta era una *"condición sine qua non para que los trabajadores tengan una organización que los una en su lucha en contra del capital y el autoritarismo"*[109].

Frente a esta "realidad" las proposiciones de lucha del Colectivo Anarquista fueron las siguientes:

a. Propiciar y desarrollar la autogestión en todas las organizaciones sociales: sindicatos, cooperativas, mutuales, juntas de vecinos, etc.

b. Asumir la acción directa como forma de lucha, antagónica a la delegación de responsabilidades, a la "pacificación social"

---

106 Ibid.

107 Ibid.

108 Ibid.

109 Ibid.

y al terrorismo.

c. Recuperar como expresión de lucha de los trabajadores el sindicalismo revolucionario, expresado en la primera declaración de principios de la CUT en 1953 (movimiento sindical independiente de todo gobierno y Estado, cualesquiera sean estos).

d. Imponer las decisiones y resoluciones de los organismos de base frente a las políticas de Estado.

e. Eliminación de los aparatos represivos. Oposición al financiamiento estatal y al aumento de personal de los aparatos militares.

f. Exigir la libertad inmediata de todos los presos políticos.

g. Rechazar el servicio militar obligatorio.

h. Investigación de todos los casos de violaciones a los derechos humanos durante la Dictadura. Juicio y castigo a los culpables.

Proposiciones en las que se entremezclaron viejas luchas y demandas con nuevas preocupaciones derivadas de la herencia de la Dictadura (presos políticos, fin de los aparatos represivos, esclarecimiento de casos de violaciones de DD.HH.) y del período en el que irrumpió de nuevo en la escena pública el anarquismo en Chile, siempre en vinculación, como había sido lo habitual, con el anarquismo internacional. De hecho, el listado de publicaciones recibidas por los miembros del Colectivo Anarquista nos da cuenta de las estrechas relaciones que mantuvieron en su proceso de recomposición con las más importantes agrupaciones y grupos editores de Europa y Sudamérica[110]:

---

110 "Publicaciones recibidas", en "Acción Directa" n°0, Santiago, agosto de 1990, P.7; y "Publicaciones recibidas", en "Acción Directa" n°1, Santiago, febrero de 1991.

Nombre de la publicación	País/Ciudad
"Stop control"	España/Zaragoza
"La letra A"	España/Reus/Tarragona
"Purna"	España/Zaragoza
"Alternativa L"	España/Barcelona
"Cenit"	Francia/Toulouse
"Acción Libertaria"	España/Asturias
"El Combate Sindicalista"	París/Francia
"Le monde Libertaire"	París/Francia
"Germinal"	Trieste/Italia
"Idees Noires"	Francia/Bordeaux
"La Feuille"	Francia/Rouen
"Volante Anarchiste"	Francia/Antony
"Comunidad"	Montevideo/Uruguay Estocolmo/Suecia
"La Antorcha"	Argentina/Córdoba
"Solidaridad Obrera"	Barcelona/España

"Rojo y Negro"	España
"Solidaridad"	Uruguay/Montevideo
"Rojo y Negro"	Uruguay/Montevideo
"El Libertario"	Argentina/Buenos Aires
"Umanita Nova"	Italia
"Documentos del Archivo Proletario Internazionale"	Italia/Milano
"La Protesta"	Argentina/Buenos Aires
"Guanguara Libertaria"	Miami/Estados Unidos
"Liberación"	Chile/Concepción
"Ácrata"	Chile/Concepción
"CNT"	España/Bilbao
"A Infos"	Alemania/Bélgica/Francia
"O Aanapxikos"	Grecia/Atenas
"Direkte Aktion"	Hamburgo/Alemania
"Traffico"	Italia
"El Pensador"	España/Andorra-Turuel

"CeNiT"	Francia/París
"Accao Directa"	Portugal
"Senzapatria"	Italia

Al igual que lo sucedido con el boletín "Hombre y Sociedad", el periódico "Acción Directa" no tuvo continuidad en el tiempo; "*La falta de recursos y compromisos económicos por parte de toda la colectividad en miras a la autogestión acabaron con esta iniciativa y con otras que se levantaron por esos días*"[111]. Sin embargo, el rol articulador realizado por sus miembros gracias al apoyo de los exiliados en Europa fue innegable. Su labor fue la semilla que germinaría en los años siguientes.

---

111 Muñoz, Víctor, *Sin dios ni patrones...*, P. 88.

A MODO DE CONCLUSIÓN

Una vez finalizada la Dictadura Militar de Pinochet comenzó a visibilizarse el movimiento libertario en Chile vinculado con las luchas sociales y preocupaciones propias del período transicional. A decir de Víctor Muñoz: *"Para los anarquistas la época de la transición a la democracia y los primeros años de la década del noventa significaron el inicio de un nuevo germinal. Es cierto que siguieron siendo un sector político minúsculo, pero la larga marginación del campo de los movimientos sociales que venían sufriendo desde hacía ya medio siglo, comenzó a revertirse en aquellos días. Se trataba en todo caso, de un nuevo anarquismo"*[112]. En sintonía con lo planteado por Muñoz podemos sostener que el anarquismo que surgió en los años noventa estuvo alejado del mundo sindical y de los trabajadores —pese a los esfuerzos llevados a cabo en los años ochenta—, pero en sintonía con la "contracultura" y la emergencia de los nuevos movimientos sociales en América Latina. Es decir, cambió su *ethos*, lo que significó la pérdida de su tradicional y larga identidad política, obrerista y clasista.

En los años noventa fueron creadas organizaciones y colectivos anarquistas en diversas ciudades del territorio nacional: Santiago, Concepción, Temuco y Osorno, entre otras, gracias al trabajo previo durante la Dictadura tanto por los militantes del interior como del exterior. De igual modo, fueron publicados periódicos y fanzines cuyo principal objetivo fue la difusión de las ideas libertarias y su reposicionamiento público, logrando, sin embargo, una exigua —aunque no por eso menos importante— difusión, que crispará en la segunda mitad de la década de los 90[113]. Durante estos años vieron

---

112 Ibid, P. 87.

113 Véase: Quiroga, Pamela, "La diversidad anarquista: Santiago, 1990-2005", Informe de Seminario para optar al Grado de Licenciada en Historia, Universidad de Chile, Santiago, 2005; y de la misma autora: "Desencanto, autonomía y politización. El discurso del anarquismo en la sociedad chilena post-dictadura (1990-2010), Tesis para obtener el grado académico de Magíster en Historia, mención Historia de Chile, Universidad de Santiago de Chile, Santiago, 2014. Y Ramírez, Felipe, "Arriba los que luchan: Un relato del comunismo libertario en Chile, 1997-2011", Memoria para optar al título de Periodista, Universidad de Chile, Santiago, 2013.

la luz las siguientes publicaciones: "Rebelión" (1993-1995), "El Duende Negro" (1993-1996), "El Irreverente" (1993-1994), "Yunta" (1994), "El Estopín" (1994), "Ni Dios Ni Amo" (1995), "MiliKK" (1995), "El Ácrata" (1996), "Intoxicación" (1991-1995), entre otras, que tuvieron un carácter esporádico, pero que dan cuenta de las transformaciones al interior del movimiento libertario en Chile que no sólo se refieren a los cambios generacionales, sino también a las nuevas luchas y reivindicaciones enarboladas, que no obstante, estuvieron en vinculación con ciertas demandas históricas como la abolición del servicio militar obligatorio. Asimismo, se vincularon con el mundo de la "contracultura", en particular, con el movimiento punk[114].

En este sentido, el anarquismo que se recompuso a comienzos de la década de 1990 en Chile estuvo en sintonía más con el anarquismo que surgió en Europa después de los sucesos del mayo de París (1968), vinculado al mundo estudiantil —y de los jóvenes— que, con la tradición anarquista criolla caracterizada por su estrecha relación con el mundo de los obreros y los sindicatos.

A la par con la labor editorial y cultural, los anarquistas criollos comenzaron nuevamente a tener presencia en las manifestaciones públicas a través de pequeños núcleos y orgánicas. De hecho, en la marcha del 12 de octubre de 1992, las banderas negras *volvieron a flamear*, constante que se repetiría también en las marchas del 1° de mayo de cada año en las décadas posteriores (1994 y 2019) y en especial, en los intensos ciclos de movilizaciones sociales y estudiantiles de los años dos mil (2001, 2006-2008, 2011, 2013-2014 y 2019).

---

114 Véase: Llancañir, Paulo y Saéz, Hellen, "Del ruido a la protesta. Punks y activismo anarcopunk en Chile", Tesis para optar al título de Profesor de Enseñanza Media en Historia y Ciencias Sociales y a los grados académicos de Licenciado en Historia y de Licenciado en Educación, Universidad de Valparaíso, Viña del Mar, 2007.

BIBLIOGRAFÍA

Libros:

Alessandria, Alessandro (2013) *Dal Cile all'Italia. Cinquant'anni di militanza internacionalista.* Edizione Sensibili alle foglie Società cooperativa.

Allende, Sebastián (2013) *Entre zapatos, libros y serruchos. Anarquismo y anarcosindicalismo en Chile (1920-1950).* Santiago: s/e.

Alted, Alicia y Domergue, Lucienne (2012) *La cultura del exilio anarcosindicalista español en el sur de Francia.* Madrid: Ediciones Cinca.

Barría, Jorge (1971) *Historia de la CUT.* Santiago: Prensa Latinoamericana.

Camacho, Fernando (2011) *Una vida para Chile. La solidaridad y la comunidad chilena en Suecia, 1970-2010.* Santiago: Museo de la Memoria y los Derechos Humanos.

Del Pozo, José (2009) *Historia de América Latina y del Caribe: desde la independencia hasta hoy.* Santiago: LOM ediciones.

Del Solar, Felipe y Pérez, Andrés (2008) *Anarquistas. Presencia libertaria en Chile.* Santiago: RIL editores.

Derpic, Gisela (2015) *En libertad. Charlas con aquel que no está aquí.* La Paz: El Cuervo Editorial.

Godoy, Eduardo, "Las luchas internas de la Central Única de Trabajadores (CUT) y el paro del 7 de julio de 1955: Dos tradiciones obreras en pugna", en "Yuyaykusun" N°7, Revista del Departamento Académico de Humanidades de la Universidad Ricardo Palma, Lima, noviembre de 2014, P. 143-163.

Goicovic, Igor, "Golpe de Estado, violencia política y refundación de la sociedad chilena", en Moyano Barahona, Cristina (Compiladora) (2013) *A 40 años del golpe de Estado en Chile*. Santiago: Editorial USACH.

Grez, Sergio (2007) *Los anarquistas y el movimiento obrero. La alborada de "la Idea" en Chile, 1893-1915*. Santiago: LOM ediciones.

Hobsbawm, Eric, "Reflexiones sobre el anarquismo", en (2010) *Revolucionarios. Ensayos contemporáneos*. Barcelona: Crítica.

Karning, Denis M. (1996) *Félix Lopez and the Chilean labor movement. Portrait of an anarchist in 20th century Latin America an oral testimony*. Thesis Master of Arts, University of Miami.

Míguez, Eduardo y Vivanco, Álvaro (2007) *El anarquismo y el origen del movimiento obrero en Chile, 1881-1916*. Santiago: editado por Fermín Nawel.

Muñoz, Víctor (2013) *Sin dios ni patrones. Historia, diversidad y conflictos de anarquismo en la región chilena (1890-1990)*. Valparaíso: Mar y Tierra Ediciones.

Orellana, Gilda, "Clotario Blest: Sindicalista revolucionario y político de clase. Por la emergencia del poder popular", Tesis para optar al Grado de Magíster en Historia, Universidad de Chile, Santiago, 2012.

Ortiz, Óscar (2008) *Nuevas crónicas anarquistas de la subversión olvidada*. Santiago: Editorial La Simiente.

Pinto, Julio (coord.) (2205) *Cuando hicimos historia. La experiencia de la Unidad Popular*. Santiago: LOM ediciones.

Pomar, Jorge, "La Vanguardia Organizada del Pueblo (VOP): Origen, subversión y aniquilamiento. ¡El pan que con sangre fue quitado, con sangre será recuperado!", "XIV Encuentro de Latinoamericanistas Españoles: Congreso Internacional", Universidad de Santiago de Compostela/Centro Interdisciplinario de Estudios Americanistas Gumersindo Busto/Consejo Español de Estudios Iberoamericanos, 2010.

Thompson, E.P. (2012) *La formación de la clase obrera en Inglaterra*. Madrid: Capitán Swing.

Winn, Peter (2013) *La revolución chilena*. Santiago: Editorial LOM.

Zibechi, Raúl, "Los movimientos sociales latinoamericanos: tendencias y desafíos", en "OSAL" N°9, Buenos Aires, enero 2003.

Zibechi, Raúl (1999) *La mirada horizontal. Movimientos sociales y emancipación*. Ediciones Abya Yala: Quito.

Archivo Histórico Pedro Nolasco Arratia y Archivo Personal Roberto Torres Vega:

1. Documentación:

- Grupos Anarquistas de Chile, "1886 Primero de mayo 1973. Día de protesta y conciencia social", Santiago, 1° de mayo de 1973. Archivo Personal Roberto Torres Vega.

- Coordinadora Libertaria Latinoamericana (CLLA), "A los compañeros latinoamericanos. 1886 Primero de Mayo 1978", París, 1978. Archivo Histórico Pedro Nolasco Arratia.

- Grupo Pedro Nolasco Arratia, "Informe y comentario del I Encuentro de Libertarios Latinoamericanos en el Exilio", París, 14 de febrero 1981. Archivo Histórico Pedro Nolasco Arratia.

- Grupo Pedro Nolasco Arratia, "Documento Informativo Chile 1970-1973", París, marzo de 1981. Archivo Histórico Pedro Nolasco Arratia.

- "Presentación del Grupo Libertario Chileno", París, 1° de abril de 1982. Archivo Histórico Pedro Nolasco Arratia.

- Grupo Pedro Nolasco Arratia, "Consecuencias posibles de la experiencia solidaria en el Exilio latinoamericano", París, 10 de febrero de 1982. Archivo Histórico Pedro Nolasco Arratia.

- Grupo Pedro Nolasco Arratia, "Informe sobre grupo libertario en Santiago", 26 de diciembre de 1985. Archivo Histórico Pedro Nolasco Arratia.

- Grupo Pedro Nolasco Arratia, "Movimiento libertario en Chile", París, 24 de noviembre de 1985. Archivo Histórico Pedro Nolasco Arratia.

2. Cartas:

- Carta de Emilio Rojas a Ana Vega (París), Lima, 5 de noviembre de 1978. Archivo Histórico Pedro Nolasco Arratia.

- Carta- cuestionario elaborado por Chungungo González (Seudónimo de Néstor Vega), París, 15 de enero de 1980. Archivo Histórico Pedro Nolasco Arratia.

- Carta de Néstor Vega a José Ego Aguirre (Santiago), París, 15 de enero de 1980. Archivo Histórico Pedro Nolasco Arratia.

- Carta de Juan 2° Montoya a José Ego Aguirre (Santiago), Talca, 29 de febrero de 1980. Archivo Personal Roberto Torres Vega.

- Carta de Néstor Vega al Secretario Nacional de la CNT (España),

París, 9 de marzo de 1980. Archivo Histórico Pedro Nolasco Arratia.

- Carta de Néstor Vega a Lautaro Fontena (Chile), París, 10 de marzo de 1980. Archivo Histórico Pedro Nolasco Arratia.

- Carta de Néstor Vega a Félix López (Chile), París, 10 de marzo de 1980. Archivo Histórico Pedro Nolasco Arratia.

- Carta de Néstor Vega a Øyvino Johnsen (Noruega), París, 12 de marzo de 1980. Archivo Histórico Pedro Nolasco Arratia.

- Carta de Néstor Vega a Øyvino Johnsen (Noruega), París, 22 de marzo de 1980. Archivo Histórico Pedro Nolasco Arratia.

- Carta de Néstor Vega a Øyvino Johnsen (Noruega), París, 1° de abril de 1980. Archivo Histórico Pedro Nolasco Arratia.

Página web:

- http://amoryrebeldia.blogspot.cl/2009/06/santiago-diciembre-17-de-1992.html [consultado el 25 de agosto del 2017].

Entrevistas:

- Entrevista a Roberto Torres Vega, Santiago, 9 de agosto del 2017.

- Entrevista a Óscar Ortiz, Santiago, 13 de agosto del 2017.

- Entrevista a Néstor Vega Salazar, Santiago, 5 de marzo del 2019.

Periódicos, boletines y revistas:

- "Hombre y Sociedad" (2da. Época), Santiago, 2003. Biblioteca Nacional de Chile.

- "Reconstruir", Buenos Aires, septiembre-octubre 1973. Ateneo de Constitución (Buenos Aires).

- "La Bicicleta", Valencia, enero-febrero de 1981. Biblioteca Pública Arus (Barcelona).

- "Presencia. Tribuna Libertaria", Toulouse, 1er trimestre de 1974. Archivo Histórico Pedro Nolasco Arratia (París).

- "América Latina Libertaria. Boletín de Informaciones y Contactos", París, 1979. Biblioteca Pública Arus (Barcelona).

- "Expresión de la Federación Libertaria", Santiago, octubre de 1972. Archivo Personal Roberto Torres Vega.

ANEXO:
DOCUMENTOS

BOLETIN N° 1

EXPRESIÓN DE LA FEDERACIÓN LIBERTARIA

Frente a los acontecimientos que vive el país, manifestado en el repudio a dos años de autoproclamado GOBIERNO MARXISTA-LENINISTA...

La Federación Libertaria de Chile no puede dejar de hacer sentir su vos de protesta, ante las formas y métodos que se utilizan en nombre de un FALSO SOCIALISMO que tiene desorientados a los trabajadores.

Ante esto la Federación Libertaria, se define con claridad de lucha por abolir todas las formas de explotación y dominio del hombre por el hombre.

En lo económico: lucha por el término del sistema capitalista, del imperialismo y del Estado, por ser éstos instrumentos que permiten a las minorías consumar la EXPLOTACIÓN DEL HOMBRE POR EL HOMBRE, sobre las grandes mayorías que son los trabajadores.

La Federación Libertaria se declara enemiga de todo régimen que atente en cualquier forma al ser humano; en sus esenciales inquietudes de LIBERTAD, DE RESPETO A SU PENSAR, A SU CREER Y A SU LIBRE DETERMINACIÓN.

CONCRETAMENTE: Combatimos el FASCISMO (DE CUALQUIER COLOR: EL NACISMO Y EL MARXISMO).

TRILOGIA SINIESTRA que constituyen distintas formas de: dominio, de explotación económica y política del Hombre y la Sociedad.

La Federación Libertaria, que acoge en su seno a hombres de pensamiento libre, ya sean OBREROS, ESTUDIANTES,

ADMINISTRATIVOS Y TECNICOS, que luchan por establecer una nueva sociedad que permita realmente al hombre ser dueño de su propio destino yendo hacia el verdadero socialismo, a través de sus organizaciones de trabajo. Manifiesta que, con el PARO NACIONAL producido por la huelga del GREMIO DE CAMIONEROS, se ha llegado a una situación que los trabajadores tenemos que analizar.

El problema es: ESTATIZACION MASIVA de toda la producción del país o bien el mantenimiento de la iniciativa privada en Chile.

Los trabajadores no debemos perder la cabeza ante esta situación.

ESTATIZACION: ¿Qué ofrece al trabajador?

Se ha dicho por ahí que al estatizar una Industria, el trabajador estaría caminando hacia el Socialismo. ¿Es así? O sólo estamos quedando en las mismas condiciones de explotación a que nos condena el sistema Capitalista? [sic]

NUEVO PATRON (ESTADO): Es igual a Socialización? [sic] ¿Se posibilita que termine nuestra condición de explotados?

¡CREEMOS QUE NO! Creemos que terminará nuestra condición de explotados cuando los trabajadores seamos nuestros propios patrones.

LA INICIATIVA PRIVADA EN CHILE.— ¿Qué ofrece al trabajador?

EXPLOTACION CAPITALISTA.

UNA BURGUESIA QUE RECIBE LOS FRUTOS DE ESTA EXPLOTACION.

¿Pero, qué nos ofrecen estas dos posturas a los trabajadores?

Creemos que la primera postura ESTATIZACION es simplemente un CAPITALISMO DE ESTADO, una nueva forma de explotación capitalista en manos de una nueva burguesía que crea una nueva clase de explotadores, de acuerdo al GRUPO GOBERNANTE DE TURNO.

La segunda postura, INICIATIVA PRIVADA, creemos, es la conocida explotación capitalista en manos de la burguesía tradicional.

Ambas son parecidas: VIVEN DE LA EXPLOTACION DEL HOMBRE POR EL HOMBRE (Los trabajadores).

"UNA" EXPLOTACION TOTALITARIA: con métodos sectarios que utilizando a los trabajadores los atropella en su libre determinación.

La "OTRA" EXPLOTACION disfrazada con formas democráticas.

La Federación Libertaria termina haciendo un llamado a toda la juventud y a todos los trabajadores en general a integrarse a esta lucha clara y definida por una nueva Sociedad Socialista Libertaria, que ofrezca la justicia que todos deseamos.

Con un saludo fraterno y solidario a quienes luchan contra la EXPLOTACION Y LA TIRANIA.

Santiago de Chile, Octubre de 1972.

FEDERACION LIBERTARIA DE CHILE

1886 PRIMERO DE MAYO 1973
DÍA DE PROTESTA Y CONCIENCIA SOCIAL

Hoy se cumple un año más del horrendo crimen judicial y social contra un grupo de trabajadores que, levantando la bandera de lucha de principios de justicia social y revolucionaria, plantearon: frente a la codicia y la crueldad de una "sociedad capitalista podrida" por el afán de lucro y de avaricia, mejores y más humanas condiciones de trabajo. La conquista de las 8 horas de trabajo quería abrir un camino de luz y de esperanza en un régimen que tenía convertidos a hombres, mujeres y niños en legiones de víctimas y parias sin esperanza ni destino.

La infame comedia legal que terminó con la vida de cinco compañeros anarquistas un 11 de Noviembre de 1887, tuvo en la "justicia" burguesa, en la prensa vendida, los medios para fabricar una despreciable historia de un atentado terrorista; posteriormente y en forma clara y documentada, se comprobó que había sido un plan fabricado por soplones, policías e intelectuales al servicio de la clase capitalista.

Sí, hoy se cumple un año más de la infame masacre de los MARTIRES DE CHICAGO, es el más cruel de los métodos: la horca. Y hoy también se cumple un año más de mentiras y calumnias que año a año repiten los hipócritas mercaderes de la política, negando la verdad de esta fecha memorable. Jamás dicen ni dirán que los ahorcados de HAYMARKET fueron Anarquistas. En discursos y artículos periodísticos, nuestros compañeros quedarán reducidos a un grupo de trabajadores ejecutados por estar al frente de la lucha reivindicativa de las jornadas de trabajo de 8 horas diarias. En una época que se trabajaban 14 o 16 horas. ¡Pero nada dicen los plumarios de la política [sic]; en idéntica forma se pretende desfigurar el CRIMEN cometido con SACCO Y VANZETTI, queriendo negarles su calidad de combatientes anarquistas.

A nuestros compañeros PARSONS, LINGG, FISCHERS, SPIESS,

ENGELS. ¡NO! se les ahorcó por la lucha reivindicativa de las 8 horas de trabajo que hoy TODOS los trabajadores del MUNDO participan. ¡NO!, a ellos se les asesinó por su "conciencia revolucionaria". Por creer y propagar las IDEAS de la "liberación del hombre".

Estaban convencidos que había que destruir el sistema patronal, ¡pero NO para crear nuevos patrones!

Pues creían que quienes deben hacer la Revolución Social son los trabajadores mismos y no los pastores que hablan en su nombre y pretenden representarlos ¡Creyeron que las conquistas sociales debían exigirse directamente sin "intermediarios" [sic]. Murieron convencidos que los trabajadores no necesitan AMOS ni PATRONES. Que el ESTADO no puede hacer la Revolución Social que esta sociedad necesita, porque el ESTADO es por excelencia "anti-revolucionario".

¡Por el HOMBRE, en su capacidad de organización y creación! ¡Por creer en los trabajadores libremente asociados! ¡Sin grupos que los exploten!

¡Por propagar la acción directa como método de lucha y la huelga general, como arma genuina de los trabajadores!

¡Por sus principios anti-autoritarios y anti-estatistas!

¡Por eso sólo, por eso murieron en la horca! Subieron al cadalso, consecuentes con sus IDEALES. Sabían por qué morían los ANARQUISTAS DE CHICAGO.

Y los que hoy ocultan su verdadera condición revolucionaria y las ideas porque murieron, son cómplices de aquellos que los condenaron hace 87 años.

¡EL 1° DE MAYO NO ES UNA FIESTA!

Es una ocasión de recordar una fecha dolorosa en la Historia de las luchas sociales de los trabajadores: en sus luchas por su Liberación Económica y su dignidad como Hombres Libres.

El 1° DE MAYO es un día de combate y de "conciencia revolucionaria". ¡Es la única forma digna de rendir Homenaje a nuestros compañeros asesinados en CHICAGO [sic]. ¡PARSONS, LINGG, SPIESS, FISCHERS, ENGELS!

¿Y CUANTOS OTROS MAS?

Todos víctimas de un sistema injusto, inhumano, autoritario y estatista.

¡Compañeros!: vuestras ideas son hoy la semilla que germina en los corazones de los oprimidos y explotados de todo el mundo.

Y después de tantos años de este gran sacrificio queremos que en el día de hoy que la juventud sepa lo que significa el 1° DE MAYO; simboliza todas las luchas sociales de los "oprimidos de siempre", como fueron la sublevación de ESPARTACO, LA COMUNA DE PARIS, LA REVOLUCION RUSA, LA REVOLUCION ESPAÑOLA.

Toda la sangre proletaria derramada de anarquistas y revolucionarios verdaderos en la sangre de los MARTIRES DE CHICAGO.

Ellos como muchos otros nada querían con el ESTADO ni menos con la clase capitalista; igual que en las jornadas de MAYO DE PARIS en 1968.

Ellos querían una SOCIEDAD de HOMBRES LIBRES sin EXPLOTADOS ni EXPLOTADORES: eso quisieron y por eso murieron los "MARTIRES DE CHICAGO", quisieron que la "TIERRA FUERA LA PATRIA DEL HOMBRE", sin fronteras ni tiranos; sin amos ni verdugos.

¡COMPAÑERO TRABAJADOR!
¡TU QUE CONSTRUYES PALACIOS Y VIVES EN CHOZAS!
¡TU QUE PRODUCES FRUTOS Y RIQUEZAS PARA OTROS!
¡DESPIERTA, LEVANTA LA FRENTE!
¡COMPAÑERO CAMPESINO DESPIERTA DE TU LARGO
SUEÑO DE EXPLOTACION!
¡COMPAÑERO ESTUDIANTE NO TE DEJES MANEJAR POR
LOS POLITICOS! ¡BUSCA LA VERDAD!
SI QUIERES QUE LAS FABRICAS BENEFICIEN A LA
COMUNIDAD Y A LOS PROPIOS TRABAJADORES,
RECHAZA A LOS POLITICOS Y PATRONES, LLAMENSE
COMO SE LLAMEN, SI PIENSAS QUE LA TIERRA DEBE
SER PROPIEDAD COLECTIVA Y LA AGRICULTURA
SEA DIRIGIDA POR LOS PROPIOS TRABAJADORES
BENEFICIANDO A LA COMUNIDAD DIRECTAMENTE,
RECHAZA LOS BUROCRATAS Y COMISARIOS POLITICOS.
¡1° DE MAYO DÍA DE PROTESTA CONTRA LA
EXPLOTACION!

"GRUPOS ANARQUISTAS DE CHILE"

Santiago de Chile, 1° de Mayo de 1973.

Grupo Pedro Nolasco Arratia
Trabajadores Libertarios
Chilenos en el exilio (París)
REF: Documento de análisis sobre la represión en Chile, 1981

DOCUMENTO SOBRE LA REPRESIÓN EN CHILE

Introducción:

Chile, como todo país de A. Latina, es fruto de uno [sic] de las tantas formas de Represión, en su época fue llamada colonización.

Aquí, quisiéramos hablar de las diferentes épocas y formas de Represión que Chile ha sufrido.

Históricamente, tendríamos que hablar del robo y saqueo de sus tierras a las diferentes razas indígenas; tendríamos que hablar de la desaparición de 3 grupos étnicos en la zona austral del país, los ONAS, ALAKALUFES y los CHONOS y YAGANES.

Tendríamos que hablar de la Guerra del Pacífico, donde un gobierno "chileno", declara la guerra a 2 países vecinos, PERÚ y BOLIVIA, por defender los capitales ingleses, que explotaban el salitre chileno. Tendríamos que hablar de cómo por la fuerza de las armas, CHILE se apropia de 2 provincias que pertenecían a Perú y Bolivia, una de estas provincias ANTOFAGASTA, posee el mineral más grande de cobre del mundo, el mineral de CHUQUICAMATA.

Sí, hablar de la Represión en Chile, es también hablar de las luchas de los trabajadores de todas las épocas.

Tendríamos que hablar de las primeras represiones contra hombres como don Victorino Lastarria, Eusebio Lillo, Francisco de Bilbao, que ya en 1857 formaban la SOCIEDAD DE LA IGUALDAD, fuertemente reprimida por el gobierno de la época.

Estos hombres, ya en su época, hablaban de la necesidad de Igualdad, su periódico "EL AMIGO DEL PUEBLO" "durante ocho años, hizo escuchar su voz, hasta ser destruido y desterrados sus responsables".

Tendríamos que saludar a esos luchadores sociales que fueron las "MUTUALES OBRERAS", que fueron la cuna donde nació el sindicalismo revolucionario chileno, tendríamos que recordar cientos de mártires, como fueron Luis Malaquías Concha, Juan Vargas Márquez, Fabrizio Correa, E. Fuentes, D. Fierro, J. Montoya Roa, etc.

A partir de 1900, las masacres obreras en Chile, se hacen cotidianas, en 1906[115], en la zona norte 3000 obreros son masacrados, y así cronológicamente sería largo enumerar. Las duras luchas por la existencia de los sindicatos fue una de las más largas épocas represivas que Chile conoció.

Pero, si queremos hablar de la Represión, debemos también intentar comprender, como ha evolucionado la Represión, de cómo HOY en día, se han modificado, perfeccionado las prácticas represivas, hasta hacerlas parte de nuestra vida cotidiana.

Grupos Étnicos Chilenos

1) ARAUCANOS 2.000.000 aproximadamente.
2) ONAS 8.000 aproximadamente.
3) ALAKALUCHES 10.000 aproximadamente.
4) CHONOS-YAGANES 10.000 aproximadamente.

España conquista Chile a partir de 1541, las diferentes familias de araucanos, tenían una forma de vida, basada en un sistema, comunismo primitivo, donde no se conocían formas de represión social, grupos de familias de 80 a 100 individuo, organizaban su vida

---

115 El autor del documento hace alusión seguramente a la de 1907, la matanza de la Escuela Santa María de Iquique.

social con normas de igualdad y respeto total del individuo.

No conocían la palabra MÍO, la concepción del adulterio les era desconocida, la separación de las parejas era de total libertad de cada una. En la vida cotidiana no reconocían jefes, sólo tenían un CONSEJO DE ANCIANOS, que se reunían cuando dos partes el [sic] dificultad lo pedían.

Hoy, en el último censo se dio la cifra de 360.000 indígenas que sufren una constante represión, con todas las formas modernas.

ONAS: Descendientes de una de las familias Tehuelches, su forma de vida era de características similares a los araucanos en su concepción de la libertad. Vivían en la zona austral de la caza y la pesca, no tenían jefes, su núcleo era la familia, pero una igualdad de derechos de la mujer era remarcable. En la vida cotidiana tenía iguales derechos que el hombre.

Hoy, no queda ningún descendiente directo.

ALAKALUFES: De costumbres un poco más diversas que los ONAS, los Alakalufes, han sufrido una exterminación continuada, con la total desaparición hoy en día. Su núcleo la familia era igualmente muy solidario, sus normas sociales estaban basadas en el respeto y la hospitalidad, en general soportaron mejor las diferentes formas de represión.

YAGANES: Vivían en las islas del archipiélago de Chonos, sus costumbres similares a los Alakalufes. Fue asimilado por las diferentes emigraciones y formas de represión, ya que nunca pudieron soportar las reducciones, las misiones religiosas que les fueron impuestas en diferentes épocas. No se conoce ningún descendiente directo.

Es así como hoy, muy poco se conoce de estas formas represivas, que han marcado nuestro país.

¿Cuáles han sido las causas de estas desapariciones?

Podríamos hablar de la imposición de una cultura diferente, con normas de vida diferentes, de unos grupos humanos a otros.

Podríamos hablar de la MISIÓN de la Isla Dawson, de triste nombre, desde 1890 los curas salesianos, crean un lugar de concentración de los indios de la zona sur, en 20 años la exterminación se hizo una institución, no hay cifras exactas pero sí más de 1000 tumbas indígenas quedaron en la isla, al momento de su partida. Diversos gobiernos han participado en este exterminio. Diversos también han sido los métodos represivos.

La Guerra del Pacífico

De triste memoria, como ya los intereses económicos reprimían nuestro pueblo al extremo de que su gobierno de la época declara una guerra. Bolivia y Perú, ajenos a los intereses en juego, sufrieron la pérdida de miles de sus ciudadanos, más la pérdida de 2 provincias una de ellas, la más rica de esa zona, de cómo Chile pierde miles de sus ciudadanos, defiende intereses ingleses, gana territorios e impone sus condiciones a los vencidos.

También pertenece a la historia de la Represión chilena este triste episodio, por una Guerra es otra de las formas de REPRESIÓN, de cómo las diversas formas de represión han jugado un papel en nuestro país, aquí hay otras [sic] muestra.

Es a partir de 1900, que las diversas formas de Represión sufren en Chile una evolución primera.

Los métodos represivos, eran hasta esa fecha, mala copia de los métodos feudales de la colonia.

Es con la llegada del proceso de industrialización que se produce esta evolución. Nuevas realidades económicas y sociales, necesitaron nuevas formas de represión.

Con el nacimiento de la lucha sindical, el Estado se encontró sin un esquema defensivo eficaz, capaz de controlar la presión social de la época, sus respuestas fueron ciegas, brutales, la simple eliminación física de los obreros. Así pasaron los años y diferentes períodos represivos conoció el pueblo, las organizaciones sindicales autónomas anarco-sindicalistas a partir de 1918[116], con el nacimiento de la IWW, encabezaron las luchas obreras. Críticos períodos represivos fueron el gobierno de Arturo Alessandri Palma, en 1924, donde la caza a los dirigentes sindicales fue una norma. Es en 1927 [que] los trabajadores recibieron uno de los más negros períodos, el tristemente recordado Carlos Ibáñez del Campo, verdugo de los obreros chilenos durante 4 años[117], destrozó todas las organizaciones obreras de la época. Destierros, relegaciones, asesinatos en la noche, pistolerismo oficial y patronal, fue la norma de este gobierno, sólo superado en su ferocidad por el actual gobierno dictatorial de Pinochet.

Con la caída de la dictadura de Ibáñez, se inicia un período de calma donde los sectores populares recuperaron sus derechos. Un gobierno de Frente Popular, permitió el desarrollo de una participación popular, que luego permitió ya en 1946, la elección de un nuevo gobierno de "izquierda", con la unión del Partido Radical y el P. Comunista, don Gabriel González Videla, líder radical se encarga de cambiar este panorama de libertad.

Por primera vez en Chile, una nueva evolución represiva se produce y nace, la Ley de Defensa de la Democracia, que deja al margen de la ley, al P. Comunista, su socio; una ola represiva se extiende por todo el

---

116 La Industrial Workers of the Word (IWW), fue fundada en 1919. Al respecto, véase: Mario Araya, "Los Wobblies criollos. Fundación e ideología en la región chilena de la Industrial Workers of the World-IWW (1919-1927)", Tesis para optar al grado académico de Licenciado en Historia y Ciencias Sociales, Santiago, Universidad ARCIS, 2008.

117 Gobernó hasta el 26 de julio de 1931. Renunció producto de la presión popular.

país, todo aquel que tenía olor a izquierda es reprimido, encarcelado, deportado, las organizaciones populares son destrozadas. Desde comunistas, socialistas, hasta anarcosindicalistas, son reprimidos.

Una nueva concepción de la Represión se creó con esta ley, se había soportado diferentes formas de represión, pero todas de acuerdo al carácter de cada gobierno; en 1946, se inaugura una nueva concepción de la represión, integrándola a la vida cotidiana.

Es así como nace en Chile, la represión institucionalizada al aparato del Estado, es incluida entre las leyes constitucionales.

Ley de Defensa Interior del Estado

La Ley de Defensa de la Democracia de González Videla, fue con los años perfeccionada, esta modificación dio nacimiento a la famosa Ley de Defensa Interior del Estado.

Diferentes gobiernos hicieron uso y abuso de ella, gobiernos de derecha, de centro izquierda, como también el gobierno de izquierda marxista de Salvador Allende.

Si bien el gobierno D. [demócrata] Cristiano de Eduardo Frei, la matanza de Puerto Montt, donde 9 campesinos fueron asesinados por las fuerzas de carabineros, entre ellos una mujer embarazada[118].

No puede extrañar esto cuando la D. Cristiana es la hija adoptiva de la funesta FALANGE Nacional de reconocida tendencia totalitaria[119].

Es normal que las matanzas de campesinos de la provincia de Valdivia,

---

118 Se hace alusión a la Matanza de Pampa Irigoin del 9 de marzo de 1969.

119 La Democracia Cristiana (DC) o Partido Demócrata Cristiano (PDC) fue fundado el 28 de julio de 1957. Participan en su creación la Falange Nacional, el Partido Nacional Cristiano, el Partido Conservador Social Cristiano y grupos escindidos del Partido Conservador y del Partido Agrario Laborista.

donde otros tantos pagaron con su vida, el exigir que se aplicara la ley de Reforma Agraria.

Nada extraña que los terratenientes, grandes propietarios de tierras, se sintieran con derecho a asesinar campesinos, total era su gobierno.

Es así como con los años, llegamos al período de la Unidad Popular y su presidente Salvador Allende G., quien en sus 2 primeros años de gobierno, dio al pueblo chileno en período de amplia libertad bajo todos los aspectos. Una verdadera era de participación y libertad fueron esos 2 años.

Es sólo bajo su 3er año de gobierno que comienza a conocerse la otra cara, cuando diferentes sectores autónomos reclamaron el derecho a tener su propia concepción de transformación de la sociedad chilena, cuando sectores campesinos rechazan las haciendas estatales y exigen creación de comunidades campesinas autónomas del Estado, cuando diferentes sindicatos exigen la distribución directa de los productos de la alimentación, cuando se enfrentan dos concepciones diferentes del socialismo, es ahí cuando nuevamente la Ley Maldita, viene en auxilio de el [sic] gobierno popular, en diferentes zonas del país, obreros, sindicalistas, campesinos, pescadores, que tenían su propia concepción del cambio social, son reprimidos, algunos encarcelados, otros son amenazados con represalias diversas, sindicalistas son despedidos por los famosos interventores o Comisarios Políticos que existían en las industrias.

Muchos revolucionarios se sentirán sorprendidos de escuchar hablar de represión en el Gobierno de Allende, pero la historia está escrita.

Los movimientos estudiantiles que se enfrentaron a la política educacional en las universidades, caso concreto de la Universidad Técnica de Puerto Montt; después de una huelga de 3 meses fue cerrada, perdiendo el año escolar los alumnos.

Las diferentes formas de represión, que cada grupo en el poder utiliza, son variadas, boicot de parte del estado a los sectores de campesinos autónomos, no más créditos, no más ayuda técnica, etc.

A los pescadores que exigían distribución directa no ESTATAL, no a sus créditos, no a renovación de sus materiales de pesca.

A los sectores de pequeños comerciantes rebeldes, todo el peso de la ley de impuestos, controles, diarios, etc. Todo método es válido para el grupo en el Poder. El Estado permite a quien lo controla diferentes métodos represivos. Nada nos extraña a los trabajadores libertarios chilenos esta experiencia vivida bajo Allende, más aún cuando uno de nuestros militantes en el exilio conoció la ley de Defensa del Interior del Estado bajo el gobierno de Allende.

Esto nos demuestra que mientras exista un aparato represivo, mientras exista un Poder que lo controle, la Represión estará siempre al servicio de sus amos.

GOLPE MILITAR 1973-DICTADURA-PINOCHET 1981

Hablar del golpe militar en Chile, significa pensar en masacres, torturas, asesinatos cotidianos, etc.

Pero creemos que mucho se ha informado sobre la bestialidad de este régimen, pero sí creemos necesario hacer un balance comparativo de sus 8 años de dictadura.

En el aspecto represivo, a partir de 1977, que se produce una cierta soltura de la dictadura, se permiten ciertas libertades condicionadas, se permite en especial a la prensa una cierta libertad de expresión, pero la vigilancia masiva con todos los elementos de oposición es una norma, diferentes sectores políticos van recibiendo el peso de la represión cotidiana.

Ya en 1978, Pinochet comienza a utilizar nuevas formas represivas, como una mala copia de los métodos de los países del ESTE.

En las industrias se despiden los obreros que no ofrecen confianza ya sea por su pasado, como por su oposición al régimen.

Se elaboran listas negras de barrio en barrio, se instalan nuevos comerciantes en todos los barrios a pesar de que la crisis económica es tan presente en cada hogar, estos soplones del régimen son reclutados entre elementos con problemas de carácter delictual o político.

Se envían a los sectores populares, elementos que simulan una oposición al régimen, llegando a participar con grupos de oposición hasta lograr detectar al máximo de opositores, luego desaparecen y la represión se inicia.

Cada cierto tiempo, sectores militares de civil, arrestan en su casa a elementos de militancia desconocida a altas horas de la noche, con el interés de conseguir información, amenazan a los detenidos y los dejan en libertad, con el compromiso de conseguir información.

Diferentes son los métodos, hoy en Chile, [censura de información], la última forma de represión es la ley de relegación, que permite, en cualquier momento detener y desterrar por 3 meses o un año a los ciudadanos que el Régimen considera opositores, las últimas informaciones indican que ya son más de 500 los relegados en los rincones más inhóspitos del país. Una labor de amedrentamiento, típica de los regímenes como el de Pinochet.

En materia de Represión, los polos se unen, los disidentes rusos son relegados a lejanos rincones del país, impedidos de expresarse en su medio, en Chile todo opositor al régimen tiene un pasaje gratuito a algún lejano rincón del país, solo es cuestión de tiempo.

Al intentar hacer una evaluación comparativa, vemos como los métodos y prácticas represivas, pueden ir evolucionando de acuerdo a las necesidades del régimen en el Poder.

Queremos terminar esta comparación, con un supuesto:

De existir HOY en Chile un gobierno marxista, los métodos represivos creemos que serían los mismos que utiliza Pinochet, si no quizás serían perfeccionados.

Repetimos en materia de represión los POLOS SE UNEN.

Por el Grupo Pedro Nolasco Arratia

Chungungo González[120]

---

120 Seudónimo de Néstor Vega Salazar.

Grupo "PEDRO NOLASCO ARRATIA"
Trabajadores Libertarios
Chilenos en el Exilio
3, rue Terneaux Paris 75011

Ref: Documento Informativo
Chile 1970-1973.

Para una mejor comprensión, del
fracaso de Salvador Allende
Ningun GOBIERNO POPULAR,
lleva a un pueblo a una Transformacion
Social. Solo produce REFORMISMO
POLITICO.

INTRODUCCION: En 1970, Chile elije un gobierno de izquierda
partidista, esto en un ambiente social y politico, que se reflejaba en
lo siguiente.

La Unidad Popular (U.P.) estaba formada por 5 grupos politicos
marxistas, o afines a este. Partido Socialista, Partido Comunista,
MAPU, Partido Izquierda Cristiana, Partido Radical Izquierda. Todos
estos partidos, sacaron en total de 36,7% de los votos en la elección
presidencial.

En la Oposición, a la derecha: Partido Nacional, Partido Radical.

" " " [sic] Partido democratacristiano, con un sector de derecha, y
otro de izquierda.

Los intrumentos [sic] de penetracion y control popular, que el
marxismo habia desarrollado, eran varios, ejemplo mas neto de esto
es el MIR. Movimiento Izquierda Revolucionario.

El MIR, organizo en las industrias una corriente, que recogiendo el estilo, y las prácticas de la accion directa, del Anarcosindicalismo chileno, trato de crear un apoyo al gobierno, esto se repite en el campo, en los estudiantes, en las poblaciones.

En el Campo "Movimiento Campesinos Revolucionarios.

En la Industria "Movimiento de Trabajadores Revolucionarios (F.T.R.).

En los Estudiantes "Frente de Estudiantes Revolucionarios (F.E.R.).

Existia entonces un partido político MIR, que intento, crear un apoyo popular, con el F.T.R.-F.E.R.-M.C.R. y el M.P.R. Movimiento de Pobladores Revolucionarios.

EN EL MUNDO SINDICAL:

La C.U.T. Central Unica de Trabajadores, creada en 1953, bajo la influencia del P. Comunista, P. Socialista, y la D. Cristiana. Reunio a casi a todos los trabajadores sindicalizados chilenos, de la epoca, en la CUT. participan desde su nacimiento 3 Federaciones anarcosindicalistas, que son Federacion del Cuero y Calzado, Federacion Obreros de Imprenta y Federacion de la Construccion.

Los consejeros anarcosindicalistas [de] la CUT, fueron Ernesto Miranda, Hector Duran, Celso Poblete y Ramon Dominguez.

En 1956, la CUT, decide una huelga general en todo el pais, que fue un exito, el gobierno de la epoca, anuncia su renuncia, si la huelga continua. 48 horas Chile se paralizo, los partidos politicos de izquierda convencen a los dirigentes de volver al trabajo, con solo promesas de parte del gobierno de Ibañez. Vuelta al trabajo sin consulta a las bases.

Hasta ese momento, los trabajadores chilenos, confiaban en sus sindicatos, pero es en esta huelga donde comienza el sindicalismo chileno a perder su combatividad, su conciencia y caracter revolucionario.

Unos meses mas tarde se retiran de la CUT, los 4 delegados anarcosindicalistas, quedando la CUT, en manos de los partidos politicos, de la izquierda chilena.

A partir de ese momento, se desarrolla en el movimiento sindical, una penetracion partidista, que permite a los partidos politicos transformar la Cut, en un vivero de politicos, que no valorizaron ni respetaron, la unica organizacion Unitaria que ha existido en Chile. El sindicalismo fue pisoteado, humillado por los politicos. Este periodo de decadencia, del movimiento obrero chileno, fue en aumento, la podredumbre moral de los dirigentes sindicales, politizados, transformaron la CUT, en una simple caricatura del movimiento sindical, sin independencia, sin personalidad propia, un simple intrumento [sic] de los partidos politicos.

Al llegar al gobierno de la Unidad Popular con Salvador Allende, el movimiento sindical habia perdido su autonomia, su caracter revolucionario, que habia sido su personalidad durante mas de (50 anos [sic]) a partir de 1912; la CUT, que en un tiempo fue la representacion real de los trabajadores chilenos, era solo un intrumento [sic] de los partidos de la izquierda chilena.

El control del movimiento sindical era total, los partidos politicos marxistas eran mayoría, en la CUT, la D. Cristiana tenia tambien su sector sindical en la CUT.

Bien, es necesario explicar que la corriente sindicalista revolucionaria, que fue el anarcosindicalismo, habia abandonado la CUT, en 1957, por negarse a aceptar, la participacion de partidos en el INTERIOR del movimiento sindical.

La corriente anarcosindicalista, desaparece en forma organizada en 1960. En 10 años, la CUT estuvo en manos de los partidos, 1960-1970, sin tener los partidos un adversario serio, que discutiera, o diera una Alternativa obrera a los trabajadores, grave responsabilidad que corresponder a los libertarios y anarcosindicalistas chilenos, el abandono de las luchas en el seno del Movimiento Obrero.

***

REFORMISMO BURGUES.?
O TRANSFORMACION SOCIAL.? [sic]

Durante el desarrollo del proceso teoricamente "revolucionario", que representaba para algunos sectores el programa de la Unidad Popular. Diferentes tendencias de Autonomia, fueron manifestandose en las bases del pueblo chileno.

En diferentes sectores populares, se crearon y desarrollaron, formas autonomas de organizacion, que escapaban al control de los partidos politicos, que se disputaban la clientela electoral.

En el primer año de gobierno de Allende, se impulsa una politica de Sindicalización obligada de sectores de la economia, que no tenian sindicatos.

La constitucion de nuevos sindicatos, dio motivo a una sensibilizacion y toma de conciencia de diferentes problemas sociales.

La propaganda estatal, buscaba apoyarse en los sindicatos para la dictacion de nuevas leyes, que permitieran al gobierno sacar su programa adelante. La necesidad de un apoyo popular, que justificara las futuras medidas que cambiarian la sociedad chilena, hacia el Socialismo Marxista.

Pero, la presion social de los sectores mas pobres, iba aumentando, exigia cambios y radicalizaba sus acciones, creando dificultades al gobierno U.P.

La autonomia que disfrutaban algunos sectores, de los trabajadores, algunos sectores de pobladores y campesinos, permitio la elaboracion de sus propios proyectos revolucionarios, que iban mucho mas lejos que la concepcion marxista, que inspiraba el programa de gobierno de Allende.

En el Campesinado: estos sectores autonomos, exigian, la expropiacion de la tierra a los latifundistas-terratenientes, SIN PAGO. EXPROPIACION TOTAL.

En algunas industrias: sindicatos autonomos, exigian expropiacion de las industrias sin PAGO, y entrega a los obreros, con una administracion AUTOGESTIONADA. Con Proyectos concretos, elaborados por los propios trabajadores.

Casos concretos sindicatos de Calzados, sindicatos de la Pesca, etc.

En los sectores de Pobladores: se crearon Campamentos Poblacionales, que organizaron la distribucion directa de los articulos de consumo popular, diferentes Comites dieron vida a formas de administracion comunitaria, de los problemas del sector poblacional.

En estos Campamentos, la participacion era casi total, los partidos politicos marxistas, como el P. Socialista, P. Comunista y MIR, tuvieron grandes problemas.

La Asamblea General de la Poblacion, donde participaban todos los habitantes del sector, discutia y decidia, en este ambiente no podian caminar los partidos.

Todos estos sectores autogestionarios, mostraron las raices libertarias, del movimiento obrero chileno.

En el 2o. año de gobierno, ya las contradicciones impedian al gobierno caminar como necesitaba. Se extendia en el pais una concepcion del cambio social, que veia en el Estado el mayor OBSTACULO para una transformación social.

Cada dia los trabajadores, iban comprendiendo que la famosa via chilena al Socialismo, solo era una mala copia de la via "marxista tradicional", los pocos sectores NO MARXISTAS, que existian en la UP. (Unidad Popular) no tenian ninguna influencia en las decisiones del gobierno.

El Programa Comun, que aplicaba el gobierno de Allende, habia sido impuesto por los partidos SOCIALISTA, COMUNISTA, MAPU. Ellos tenian TODO el CONTROL en el gobierno de Allende.

En el ultimo año de gobierno de Allende, la presion popular obligo a Allende a tomar una DECISION. O ponia en marcha un proceso de RADICALIZACION de las luchas populares para avanzar, apoyandose en los trabajadores. O bien se decidia por jugar a las CONCESIONES con la Burguesia chilena.

Allende pacto con la Burguesia, dando la espalda a los trabajadores.

En Chile existian Leyes Represivas, que habian sido utilizadas por gobiernos anteriores, leyes que la burguesia habia elaborado.

Una de estas leyes: Ley de Seguridad Interior del Estado, comienza a ser aplicada en forma masiva, contra los "sindicatos Rebeldes". Sindicatos que habian apoyado al gobierno, son reprimidos, en diferentes zonas del pais, se aplica la ley, a los dirigentes sindicales. Son encarcelados, amenazados, una nueva cara del gobierno Popular comienza a conocerse. El gobierno de los trabajadores, inicia una campaña de limpieza de los sindicatos, que no aceptaban las ordenes que entregaban los partidos de la U.P. La Cut. atacaba a estos sindicatos rebeldes "reaccionarios" que se atrevian a tener su propio Programa.

En este enfrentamiento, entre gobierno-sectores autonomos, se destacan algunos sindicatos por su combatividad, su conciencia de Clase.

En la industria del Cuero y Calzado:

Sindicato del calzado de la industria de BATA de PEÑAFLOR. (provincia Santiago)

Sindicato de la industria mineria:

Sindicatos de Mineros de SEWELL en Rancagua. (provincia de Colchagua)

Sector de la Pesca:

Sindicatos de la Pesca Industrial de San Antonio (provincia de San Antonio)
Sindicatos de la Pesca Artesanal de San Vicente, en Talcahuano (Concepcion)
Sindicatos de Pescadores de los Vilos (provincia de Coquimbo)
Sindicato de Comerciantes Detallistas en Productos del Mar (Santiago)
Cooperativas de pescadores de Horcones. Valparaíso.
Cooperativa de Pescadores de "Puertecito" de San Antonio.

Y diferentes sindicatos y cooperativas de pescadores industriales y artesanales a traves de todo el pais.

Entre los proyectos gestados por los sectores autonomos, en este periodo, se puede destacar lo exigido por el Sindicato de Calzados Bata de Peñaflor, que pedia que los sindicatos tomaran a su cargo la distribucion de sus productos, con organizaciones de base de los pobladores. Para un buen control, pedian participacion de otros sindicatos.

El Proyecto gestado en la produccion pesquera, por el Sindicato de Comerciantes DETALLISTAS en Productos del Mar de Santiago y la Cooperativa de Pescaderos Artesanales de "PUERTECITO" de San Antonio. Que se negaban a aceptar la estatizacion de el sector pesquero. En cambio, proponían: que la produccion pesquera debia ser organizada por los trabajadores de la pesca a traves de sus sindicatos, para luego organizar a los consumidores en los barrios y poblaciones. Terminar con los comerciantes e INTERMEDIARIOS, y crear un Sindicato de la Distribucion.

Una distribución Directa de los Productos de la Pesca, entre Productores y consumidores, con un Sindicato de la Distribucion, controlado por las asociaciones de Consumidores y Juntas vecinales, la Municipalidad debia ayudar a desarrollar este Proyecto Autogestionario. La creacion de Mercados perifericos en los Barrios populares, con participacion de las Juntas Vecinales y Centros de Madres en la Administracion, con un estudio completo de los costos de produccion de la pesca, que deberian ser discutidos por todos los sectores con amplia participacion.

Los costos de produccion y precios de venta acordados serian PUBLICADOS por la RADIO, la PRENSA y la TELEVISION, todos los dias de la semana.

La influencia de la Cooperativa de Pescadores Artesanales de Puertecito, de San Antonio, y el Sindicato de Pescadores Artesanales de San Vicente de Talcahuano, permitio, que este proyecto fuera discutido, a traves de todo el pais.

El enfrentamiento con el sector de la pesca, fue un serio problema para el gobierno, al extremo de que se rechazo el Proyecto del Ley sobre la creacion de un Ministerio del Mar, que habiendo sido aprovado [sic] por la Camara de Diputados, fue rechazada por el Senado, por la presion de los pescadores y del Sindicato de Comerciantes Detallistas en Productos del Mar de Santiago (1.500 pequeños comerciantes). Este sindicato, se declaro Sindicalista Libertario, frente a los trabajadores.

A traves de todo el pais, en el campo, en las minas, en las industrias, estos sectores autonomos, fueron reprimidos, la ley de Seguridad Interior del Estado, fue aplicada por el Gobierno de Allende, en contra de estos trabajadores, que tenian sus propias concepciones, revolucionarias, y que utilizando la Accion Directa como metodo de lucha, avanzaban en la construcion [sic] de una sociedad socialista desde la base.

Muchas huelgas fueron declaradas ilegales, muchos dirigentes sindicales fueron encarcelados, decretos de REANUDACION de FAENAS, rompia las huelgas, creando de inmediato una respuesta de rebeldia, y enfrentamiento entre los sectores politicos del gobierno y los sindicalistas autónomos.

Todo el aparato estatal de Publicidad, desprestigiaba y atacaba a estos sindicatos que exigian los cambios esperados durante 50 años.

Cuando Allende se dirigía a los trabajadores, era para pedir fidelidad y apoyo a su Programa de Gobierno, pero por otra parte, a estos trabajadores no se les permitia, tener "IDEAS PROPIAS", sobre la transformacion de la sociedad chilena.

En la planificacion aplicada para lograr, controlar la oposición, el Partido Comunista; en una maniobra politica, crea con el apoyo del gobierno las "JUNTAS de ABASTECIMIENTOS Y PRECIOS" (J.A.P.). Intentando controlar la cadena de la distribucion de alimentos, luego racionalizacion forzada de la distribucion.

Las J.A.P. fracasan en su tarea, los sectores autonomos y la oposicion se apoderan de las J.A.P., pidiendo su ingreso a las Juntas de Vecinos.

En los sectores populares, las J.A.P., son autogestionadas, o bien rechazadas, por ser un instrumento politico.

LOS CORDONES INDUSTRIALES, en los sectores de Industrias, de las grandes ciudades, el vacio entre el sentir de las BASES, y los dirigentes sindicales, comprometidos con los Partidos Politicos del Gobierno, da nacimiento a travez [sic] de una practica de Asmblea [sic] General, de los Cordones Industriales. Estos Cordones Industriales, buscan y recogen el sentir mayoritario de los trabajadores, de entregar a las Bases el Poder de decision. Los dirigentes de la CUT, son rechazados, se crea el PODER OBRERO. El gobierno popular tiembla, ante esta nueva dinamica, del sindicalismo desde la base. Los Cordones Industriales, anuncian el germen de los que es el Poder de los Trabajadores.

Los C. Industriales son criticados por los sectores politicos U.P. Los sindicatos reciben en sus Asambleas abiertas, a otros sectores no productivos, se discuten problemas diversos, la participacion se extiende, los pobladores discuten y buscan solucion a sus problemas, el gobierno sufre el desprestigio, la desconfianza, la manipulacion de los partidos, es condenada por los trabajadores.

COMUNIDADES CAMPESINAS AUTONOMAS, en las zonas campesinas, central y sur, se avanza en la Expropiacion, de los terratenientes, en la zona de Llanquihue, son rechazadas las haciendas, algunos Asentamientos (estatales) que estan bajo el control del Estado, proponen la creacion de Comunidades Campesinas Autonomas. La autogestion se pide, en el campo, con la oposicion de todo el aparato estatal.

En la zona sur, se intenta crear la Federacion de Comunidades Campesinas Autonomas para desarrollar la Autogestion, dirigentes del MIR, P. Socialista, MAPU, son expulsados de los Asentamientos Campesinos.

La irresponsabilidad de el MIR, en las expropiaciones en el campo, donde se destruyo la posibilidad de mostrar la capacidad de creacion de los trabajadores, llevando a los extremos de Expropiar por la Accion

Directa, haciendas ricas, instalandose en ellas y consumiendo todo aquello que se podia consumir, un mes, 2 meses, sin intentar organizar la produccion, para luego abandonarla, y continuar expropiando.

Mientras sectores campesinos autonomos, actuaban en forma responsable y revolucionaria, los sectores politicos del campesinado (M.C.R.) actuaban como irresponsables.

El MIR, actuo como agitador, NO TUVO NINGUN PROGRAMA propio, serio, como todo partido NO TUVO CONFIANZA EN LOS CAMPESINOS, todo lo esperaban del gobierno.

CONCLUSIONES:

Analizando este panorama, se puede concluir que, en Chile existieron 2 concepciones diferentes, del Socialismo.

En el Programa de Gobierno de la U. Popular, la concepcion marxista, gestada y apoyada por los partidos politicos de la U.P.

En el Programa Autogestionado por las Bases, y apoyado por los sectores mas radicales de la izquierda, que actuaron en forma Libertaria, sin existir una Organizacion que les dirigiera, pero creando una dinamica creadora.

Cual de estas concepciones representaba el sentir del pueblo chileno? [sic]

Como poder explicar este desarrollo, estas contradicciones? [sic]

10 años después de la desaparicion del anarcosindicalismo, como corriente organizada, en el seno del movimiento obrero, la capacidad creadora de los trabajadores chilenos demuestra que, la presencia anarcosindicalista, estaba presente. La Accion Directa como metodo de lucha, la autonomia del sindicalismo, la Autogestion, la participacion

de las bases de la Comunidad en la Toma de Decisiones, etc.

El rechazo al Estado, fue durante mas de 40 años, una de las Banderas de lucha de los sindicalistas revolucionarios chilenos, que militaron en las organizaciones obreras anarcosindicalistas.

Los partidos politicos habian castrado la capacidad de los sindicatos, la domesticacion del movimiento obrero, habia en los ultimos 10 años, hecho de la C.U.T., una caja registradora de las decisiones de los partidos politicos.

La semilla revolucionaria de los trabajadores, germinó con la lucha cotidiana y el espiritu libertario del hombre, en 3 años de Reformismo, sufrio una derrota en las manos creadoras del Pueblo Chileno.

En el medio de las luchas de estos 3 años, individualidades y pequeños grupos de anarcosindicalistas y libertarios, caminaron junto a los trabajadores, motivando desarrollando, y poniendo en practica el pensamiento Libertario de la transformación social, ya en las elecciones de la C.U.T. realizadas en el primer año de Allende, se presento una lista encabezada por ERNESTO MIRANDA, que bajo el nombre de Sindicalistas Libertarios, recibio 521 votos, esto muestra que a través del país la C.U.T. tenia en su interior, un pequeño sector libertario.

Muchos de estos compañeros, no se conocian entre ellos, y fueron combatidos y reprimidos, algunos conocieron la carcel bajo el gobierno de Allende.

Luego del Golpe Militar, sufrieron la represion del nuevo regimen dictatorial.

Como antecedente, los trabajadores que estaban inscritos en Partidos Politicos eran en el año 1971-1972, 23% de las fuerza productiva del pais.

NOTA: Ernesto Miranda, antiguo dirigente del Cuero y el Calzado, fundador de la C.U.T., militante libertario, por 40 años, fallecio en Chile 1979.

Ramón Domínguez, antiguo dirigente del Gremio de la Construccion, fundador de la C.U.T., fallecio en Suiza, en la ciudad de Lausanne, en 1977.

Paris Marzo 1981.

Grupo Pedro Nolasco Arratia
Trabajadores Libertarios
Chilenos en el exilio
<u>PARIS</u>

Paris I° Abril 1982.

<u>Ref</u>: a) Inscrition [sic] mensual

b) <u>Informaciones</u>

<u>Destinatario</u>

"

Presentación del Grupo Libertario chileno.

Compañeros un saludo cordial a los compañeros que os acompañan en las actividades cotidianas, en ésta nos presentamos a Uds.

En Paris el 31 de Enero 1981, se realizo, el I° Encuentro Libertarios Latinos en Exilio. Con el impulso de la "C.L.L.A." Coord. Libertaria L. A. que reunio varios grupos de compañeros, pero que no logro sus objetivos de impulsar una reunificacion de grupos, o coordinacion de tareas comunes que son tan necesarias.

Al no tener la claridad, en esta materia, los chilenos que estabamos en "CLLA." Creamos el grupo, "P. Nolasco Arratia".

Nuestra tarea como grupo, hasta hoy se ha desarrollado en tres "campos" es decir, en el medio exilado latino, en el contacto con el Interior y en tener contacto con el medio libertario internacional.

I) Contacto con el medio exilado latino.

Participamos como individuos en diferentes Comites de Solidaridad con Chile y otros paises, entre estos Comités se destacan el Comité de Solidaridad con el Pueblo de Chile. Y últimamente en el Colectivo EXILADOS CHILENOS de Apoyo al Pueblo Polaco.

Nuesto posicion ideologica es conocida, nuestra actividad actualmente esta dedicada al Colectivo Apoyo Polonia. Hemos contribuido en éste a la elaboracion de un Documento que se entrgo [sic] a la opinion publica.

En un Debate realizado el 30 Enero 1982 en Paris, se invito a personalidades del; medio exilado.

Esta en preparacion en DEBATE PUBLICO, sobre Polonia dirigido al medio Latino americano, donde participaran diferentes sindicatos franceses, de la "CGT". Con invitacion a todos los Comites que trabajan en la Solidaridad con A. Latina de la R. de Paris.

Contacto con el Interior: Se mantienen desde ya mas de 5 años estos contactos, grupos e individualidades libertarias en Chile.

Se mantiene un apoyo economico hacia 2 de estos grupos en forma mensual, lamentando no poder ampliarlo a otros grupos que nos contactan, solicitando un apoyo economico, para propaganda. Nuestro apoyo economico está en los aportes de los compañeros de nuestro grupo solamente. Esperamos que en nuestro Boletin podremos ampliar esta situacion. Nuestro grupo tiene presencia en Holanda, en Italia y en Suecia Paris [sic].

Contacto con el medio libertario

Nuestro contacto esta comenzando, como grupo chileno, solo hemos tenido actividad en Paris, con el envio de esta presentacion y la aparicion de nuestro Boletin, intentaremos tener un mejor contacto.

Por diferentes canales, hemos sido contactados desde otros paises, por grupos e individuos, que se interesan en al situacion chilena.

Nuestros contactos en Paris son excelentes, especialmente con "F.A.F." Federacion Anarquista Francesa, y últimamente con "A.I.T."

Hemos sido invitados por los compañeros de Radio Libertaria que emite en Paris, a crear un a [sic] sobre A. Latina. Esto esta en estudio.

Por otra parte la "CNT" en Paris tiene un a [sic] emision de 4 hrs. el dia Sábado, donde nuestro grupo, fué [sic] invitado a tomar una parte de este espacio, es asi como iniciamos nuestro primer programa el dia Sábado 27 Marzo 1982, donde hablamos en una forma general de la necesidad de entregar una informacion continuada sobre la situacion de esos paises, entregada en forma seria po un sector libertario.

En este primer espacio radial, también entregamos una vision de los compañeros que tomaran esta responsabilidad, sus origenes "politicos", sus actividades en el exilio etc.

Nuestro proximo programa para el Sábado 3 Abril 1982, sera dedicado a el Colectivo Exilados Chilenos de Apoyo a la Resistencia del Pueblo Polaco.

El Sábado 10 Abril 1982, estara dedicado a COLOMBIA.

Las emisiones del grupo "Pedro Nolasco Arratia", se realizan de 15hrs a 16,30 hrs, todos los dias Sábados.

Actividades futuras:

Sacar un primer N° de un Boletin del grupo, que nos permita invitar a otros compañeros chilenos o de otra [sic] nacionalidades, a participar en nuestro grupo, o bien ayudar a crear otros grupos.

Ya que existiendo una presencia de exilados libertarios latinos bastante en número, no se manifiesta en forma concreta, esta es una tarea que consideramos muy importante dado las condiciones de la situacion de nuestro continente. Nuestros compañeros en el Interior nos NECESITAN. Como necesitan a todo el movimiento libertario internacional.

Preparamos un Encuentro de libertarios chilenos en Holanda.

Esta en estudio y preparacion un Encuentro, invitando a todos los compañeros chilenos en Europa.

Calculamos poder realizarlo en UTRECHT. Contamos en [sic] un grupo de compañeros serios y activos que estan en Holanda.

Por la prensa libertaria entregaremos mas informaciones.

Solo nos queda, solicitarles nos subscriban como interesados en recibir vuestra revista o periodico. Para esto hemos enviado una cantidad de francos que indicamos.

GRUPO
Paris[121] Abril 1982
Pedro Nolasco Arratia
Trabajadores Libertarios
Chilenos en Exilio
PARIS

INFORME

LIBERACION DE "PRESOS VOP."

Es en 1977 que en diferentes medios exilados en Europa, comienza a conocerse el abandono en que se encontraban los llamados: "PRESOS de la VOP". Conocidos por todos los exilados chilenos, pero desconocidos hasta la fecha por la Opinion Pública Internacional.

La "VOP" Vanguardia Organizada del Pueblo" [sic], grupo disidente del "MIR", realiza diferentes "expropiaciones", asaltos a comercios y acciones espectaculares, como robar camiones con alimentos y distribuirlos en los sectores mas pobres, en las "poblaciones callampas" en Santiago. En sus documentos, manifiestos, rechaza la vía parlamentaria y politica del gobierno de Allende, acusa al "MIR" y a los partidos de la "UP. [sic] de reformistas, solo ávidos de Poder. Se declara partidario de la lucha armada, expropiatrice [sic.].

Bién, la "VOP" recibe la respuesta represiva en el gobierno de Allende, siendo desmantelada, con una represión brutal, en Santiago después de 4 horas de enfrentamiento armado, se rinden dos de los jefes reconocidos de la VOP; los hermanos Rivera Calderon.

Fotos de la prensa muestran a los hermanos Rivera, cuando se rinden y son asesinados con las manos en alto, en los techos de una casa en el barrio Vivaceta en Santiago.

---

121 Número ilegible en el original. [N. del E.]

En todo el país, se persigue, se encarcela, a los integrantes de la "VOP".

70 militantes caen en prisión, pocos días despues de las muertes de los hermanos Rivera Calderon, otro conocido miembro de la VOP; entra al cuartel de investigaciones, Policía Civil, armado, y con explosivos asalta y mata 3 policias gritando traidores, acusando al Jefe de Investigaciones "COCO PAREDES" de haber tricionado [sic] acuerdos establecidos. Salazar, el nombre del asaltante de Investigaciones. Que muere en la explosion a la entrada del cuartel, destrozado.

Hasta aqui una parte de la historia, que explica el porque estos presos de la VOP, no tuvieron apoyo, de parte de los sectores exilados de la U. P. Como existen documentos que muestran, la mentalidad sectaria de quienes en exilio, tenian por mision luchar por la liberacion de los prisioneros de CHILE.

Hoy, están en libertad, 7 de los 10 mas castigados presos politicos chilenos, su liberacion es una historia aparte.

Aún quedan en prision 3 de estos militantes de izquierda, y aún esperan esa libertad, tantas veces prometida.

Nuestro grupo de Paris, pide a cada compañero que se interese por ayudar a la liberacion de estos presos, nos contacte para entregarle mas detalles e informaciones.

Tenemos un compromiso con un grupo de presos "VOP" que estan en NORUEGA de trabajar por los compañeros que quedaron en prision.

También existen otros presos que estan en pésimas condiciones. Este año quisiéramos, iniciar una campaña para su liberacion.

Hasta 1977, ningún grupo de solidaridad, se interesaba por trabajar por los presos "VOP". Un silencio misterioso era la respuesta a la pregunta "Quien esta trabajando por los presos VOP"? [sic]

Era el año de mayor fuerza en la campaña de liberacion de prisioneros chilenos. Existiendo una campaña internacional en Europa y otros países, que estaba presionando con éxito a la dictadura de Pinochet, nadie aceptaba apoyar una campaña por la VOP.

Algunos libertarios en forma individual intentamos tomar contacto con Comités de Solidaridad en diferentes países, para interesarlos en estos presos, con resultados negativos.

Nuestra indignacion nos obligo a trabajar independientemente de los grupos organizados que existían en Europa.

Es gracias a la organizacion sindical "NSF" de "AIT" que existe en Noruega, que se logro organizar una campaña que rompera este silencio, que ya duraba varios años.

En 1978, "NSF" toma contacto con "CODES" comité de Defensa de los Derechos Sindicales" [sic] que preside Clotario Blest.

NSF, manifiesta su interés por trabajar por los presos VOP, y los presos que no tienen partido político que los proteja.

CODES, se transforma en "CODEHS" Comité de Defensa Derechos Humanos y Sindicales.

Con Codehs, en Chile y NSF, en Noruega, comienza esta campaña, que nos permitira a los libertarios trabajar por los presos VOP.

A partir de 1978, "NSF"-AIT" [sic] moviliza sus contactos en Europa, en especial Alemania, Suiza, Francia, España y los paises escandinavos Suecia, Dinamarca, Finlandia.

En 1978 se pide a A. Internacional, que se ocupe de los presos VOP.

Sin tener respuesta, en mas de un año, se continúa la presión en los organismos humanitarios internacionales, entregando antecedentes. En esto se destacaron los compañeros sindicalistas de KRAGERØ.

"FEDERACION LOCAL DE SINDICATOS DE KRAGERO"

"Comité de Apoyo a los Trabajadores de Chile"

Con su representante, Trygue Vegge, quien siendo miembro del sindicato ya que es profesor de Inglés en esa ciudad, realiza una labor inmensa, juntando documentacion que recibía de Chile.

Trygue Vegge, es miembro de "NSF".

La labor de este Comite de Solidaridad Sindical, logra que todos los trabajadores Noruegos, apoyen esta campaña de liberacion.

Se logra que el gobierno noruego, otorgue visas a todos los presos liberados de Chile. Cuando en resto de Europa se luchaba por conseguir una visa.

Es en 1979, que A. Internacional, reconoce a los presos VOP, como presos políticos y comienza una campaña por ellos. La presion Internacional desarrollada por el Comité Solidaridad con Chile, de Kragero, Noruega, obliga a los organismos internacionales a preocuparse y reconocer la existencia de presos de izquierda que NO PERTENECIAN A LA UNIDAD POPULAR.

En diferentes paises, compañeros libertarios denunciabamos esta situación injusta, en Francia, Italia, España, grupos de compañeros entregamos información sobre la VOP.

En Paris, en el Comité de Solidaridad con el Pueblo de Chile[122] (...)

---

122 Oración ilegible en el original. [N. del E.]

Se trabaja por los presos de la VOP, compañeros nuestros participan en el Comité Presos.

En Enero 1980, sale el libertad el primer prisionero VOP.

SONIA RIVERA CALDERON, condenada a perpetuidad. Llega a OSLO en Noruega pesando 39 kgs (su peso normal 55 kgs); internada en una[123] (…) permanece varios meses, hasta recuperar su salud, que es delicada por los 10 años de carcel que sufrio.

La liberacion de Sonia Rivera C. fué el resultado de un trabajo realizado por sectores autónomos de la UP. No comentamos las razones, solo constatamos un HECHO HISTORICO. NO reconocemos que haya existido un solo grupo cercano a la UP, que haya trabajado por los presos VOP.

El segundo preso VOP, liberado fue Daniel VERGARA B.

El caso de Daniel Vergara, tuvo caracteres dramaticos, herido en un enfrentamiento armado una bala le habia lesionado la columna vertebral, quedando lisiado en una silla de ruedas, durante años de prision.

Desde ya hacia el año 1975, que se habia intentado, su liberacion que no se logro por las razones expuestas. Su pasado VOP.

El[124] Abril 1980, se realizo una reunion de A. Internacional en Paris, donde se reunieron diferentes grupos de varios países, a esta reunion asistio un delegado del Comité Solidaridad con Pueblo Chile de Paris, que trabaja también por los presos VOP.

---

123 Palabra ilegible en el original. [N. del E.]

124 Palabra ilegible en el original. [N. del E.]

Los grupos de[125] escucharon el informe de un observador que venia llegando de Chile y se habia entrevistado con responsables de la situacion VOP, en esa reunion un grupo de delegados a peticion del delegado del C. S. P. CH. exigieron que si no salía Daniel Vergara pronto en libertad, harían campaña PUBLICA, para dar a conocer este caso calificado de dramatico. El delegado AI, de Inglaterra un chileno se opuso en forma categorica a aceptar esta peticion, manifestando "que no seria conveniente".

En Mayo 1980, salio en libertad y viajo a Noruega, Daniel Vergara B. Hospitalizado de inmediato, comenzó un tratamiento que hasta hoy continúa. Actualmente camina con dificultades, su salud es buena.

En Junio 1980, llega a Oslo, Oscar Godoy Ortiz.

Y continuaron llegando otros presos, el último en llegar fué Luis Moreno Flores, quien se encuentra en Oslo, actualmente participa en un grupo de Solidaridad Presos Politicos A. Latina.

Estan 3 presos VOP, en prision en Chile, entre ellos un ex dirigente sindical de la pesca de Antofagastano [sic] compañero José Larrocha Cejas condenado a perpetuidad, condenado por la muerte de un carabinero.

Consideramos que el caso conocido como "Presos de la VOP" aún no esta terminado, ya que continúan en prisión 3 de estos presos.

Esto significa que estos trabajadores en prision, que un día no aceptaron la via burguesa reformista que ofrecia el gobierno de Allende, tendran que pagar con prision a por vida, esta disidencia.

Nosotros, grupo "Pedro Nolasco Arratia", libertarios chilenos en exilio, continuaremos trabajando, por sacar de las carceles de Pinochet

125 Palabra ilegible en el original. [N. del E.]

a estos 3 militantes "VOP".

Como también otros presos que se pudren en las carceles de la dictadura, nuestra condicion de amantes de la LIBERTAD, no impone un debe moral, apoyar toda campaña de liberación de presos en A. Latina.

En esta experiencia que hemos vivido en el exilio, como ha sido el caso "VOP", nos obliga a sacar lecciones, del contenido de la palabra SOLIDARIDAD, de la mentalidad sectaria, que continúa existiendo en los sectores particistas [sic] de la izquierda chilena.

Y de la necesidad de denunciar a la opinión pública: estas actitudes sectarias que mañana se repetirán, si no se denuncian y se desenmascara con pruebas concretas.

Una ultima leccion: como el trabajo de un pequeño sindicato libertario, puede crear una dinámica que trae resultados concretos en la escena internacional.

"N.S.F.-A.I.T." nos ha mostrado un camino, nos ha demostrado que la capacidad de organización de los trabajadores noruegos en la solidaridad es un buen ejemplo para el futuro.

Acompañamos a este documento los materiales siguientes:

3 cartas del Comité Solidaridad con trabajadores de Chile de la ciudad de KRAGERØ (Federacion) 10.000 trabaj.

3 cartas del Comite Defensa Derechos Sindicales CHILE A los trabajadores noruegos.

1 carta de la carcel CHILE, firmada por Luis Moreno y José Aguilera Pavez, dirigida a "NSF" (AIT) Noruega, fechada 10 Diciembre 1978. (Ambos hoy estan en Noruega);

[126]Cartas de abogados holandeses a la madre de Daniel Vergara B. pidiendo informacion para ayudar a la liberacion de este.

Diferentes cartas de grupos de A. Internacional, relacionadas con VOP, dirigidas a compañeros libertarios de Paris.

1 carta firmada por INGER MARIE HJELLE. Dirigente del "chileaksjonene Fanheutvale" organismo noruego que existe para los presos politicos chilenos, rechazando peticion de ayuda a la liberacion de los presos VOP.

Por el grupo <u>Néstor Vega S.</u>

---

126 Número ilegible en el original. [N. del E.]

1886 CHILE 1983[127]

10 AÑOS DE DICTADURA

¡10 años de represión, de prisiones, de asesinatos, de humillaciones, de hambre, eso es lo que ha sufrido y sufre todavía nuestro pueblo!

Pero estos 10 años de sufrimientos han permitido a los trabajadores comprender y tomar conciencia de sus debilidades, comprender también que hoy día se encuentran solos frente a una inhumana y terrible dictadura y que los problemas propios a los obreros, a los campesinos, a los estudiantes, a los hombres y mujeres de la sociedad chilena no serán resueltos sin que cada uno de ellos tomen la iniciativa y responsabilidad.

Es así que, en el fondo del corazón de nuestro pueblo reprimido, se levanta un movimiento social que desde su base misma rechaza la dictadura, rechaza los partidos políticos y reivindica el Sindicalismo Revolucionario.

Mientras que los partidos políticos de derecha y de izquierda buscan una solución de recambio a una dictadura moribunda, un movimiento social consciente lanza un desafío a la dictadura como a los partidos políticos, invitando a los trabajadores y a todas las organizaciones populares a organizarse de manera autónoma en el seno de sus Comunas, a federarse para crear así una autogestión generalizada que permitirá a nuestro pueblo afrontar con éxito al actual poder totalitario y a todos los otros poderes que le pueden reemplazar.

A este llamado, diferentes organizaciones populares se han unido al movimiento social revolucionario. Es así como "CODESH" fue la primera en responder al llamado. Más tarde la "O.C.R." (Organización Comunista Revolucionaria), luego "Renovación por las Bases"

---

127 Panfleto originalmente escrito en francés. Traducido por el historiador y arqueólogo Daniel Llanos. [N. del E.]

(disidentes del Mir). Y últimamente, una nueva organización "P.A.S." (Pensamiento y Acción Socialista).

Los trabajadores chilenos gritan ahora: "¡SE ACABÓ!" a la dictadura y a los partidos políticos.

Este movimiento social tiene por nombre: "C.R.S." (Comisión de Renovación Sindical) y en sus principios declara luchar por los valores del humanismo, por la liberación humana integral en la sociedad. Declara luchar por la abolición de todos los sistemas de explotación y de dominación de EL HOMBRE POR EL HOMBRE y del HOMBRE POR EL ESTADO.

La "C.R.S." invita a todos los hombres y mujeres de nuestro pueblo a unirse a la lucha para vencer a la dictadura, creando las bases de un "PODER SOCIAL ORGANIZADO AUTÓNOMO DE TRABAJADORES", creando sus propias organizaciones independientes en cada Comuna del país.

Por nuestra parte, nosotros, trabajadores libertarios en el exilio, apoyamos sin reservas este proyecto "sindicalista revolucionario".

Camaradas de "CODESH", de la "O.C.R.", de "R.P.L.B.", de "P.A.S.", reciban nuestros saludos solidarios.

¡Camaradas del "C.R.S.", salud y revolución social!

GRUPO "PEDRO NOLASCO ARRATIA" Paris, 1º de mayo de 1983

Chile, el despertar de un pueblo:

(Chungungo Gonzalez)

Después de 10 años de régimen militar, nos parecía que el pueblo chileno aceptaba su destino.

Los partidos políticos "pretendidas vanguardias de la lucha contra la dictadura de Pinochet", se han quedado como siempre en las declaraciones a la prensa, si bien ha habido actitudes valientes y honestas en algunos de los políticos chilenos, es una verdad que en 10 años los partidos no han encontrado una respuesta a la dictadura.

Y es también una verdad una vez más, que cuando un pueblo tiene que enfrentar las dictaduras o regimenes totalitarios, son los obreros, los estudiantes, las mujeres quienes tienen que dar la cara, hacer frente al peligro, una vez más son los Sindicatos los que toman la vanguardia contra la dictadura, como ya lo hicieron entre 1927 y 1931, con la dictadura del "Paco" Ibañez seudonimo de Carlos Ibañez del Campo, militar asesino de la época.

La jornada de protesta nacional contra el régimen, el Miercoles II de Mayo 1983, marcará un punto de partida de un largo camino, el camino de la liberacion del pueblo de Chile.

"Esta es la primera étapa [sic] del camino de la liberacion completa del pueblo", estas son las palabras del presidente de la Confederacion de Trabajadores del cobre, anunciando la jornada del II de Mayo, y con esas palabras las decisión de dar la lucha a partir de los sindicatos.

Los resultados de esta jornada, han dejado claro una cosa: a la dictadura la enfrentaran los hombres y mujeres que al margen de los partidos politicos, han decidido dar la cara.

El movimiento sindical, atomizado, destruido en su unidad, esta haciendo camino al handar [sic], a pesar de las diferencias enormes que existen entre las centrales sindicales, que pretenden representar a los trabajadores, se esta llegando a un consenso, Pinochet debe irse y con el debe desaparecer el modelo impuesto al país.

A pesar de las deformaciones de las informaciones de la prensa, las noticias enviadas desde las bases, nos informan que en las ciudades principales, como Santiago, Valparaiso, Concepcion, Punta Arenas, las manifestaciones contra el regimén [sic] fueron violentas y en forma masiva se hicieron publicas.

Barricadas en los barrios pobres, enfrentamientos con las fuerzas policiales. Una explosion social, mucho más profunda que lo que pensaban los propios organizadores.

Conocemos la respuesta del regimen dictatorial, miles de detenidos, los estadios una vez más sirven de cárceles.

Los II dirigentes de la Confederacion de Trabajadores del Cobre serán juzgados por haber atentado contra el regimén [sic].

El movimiento sindical chileno, vuelve a ocupar el lugar que nunca debio abandonar, las luchas por las libertades y las transformaciones de la sociedad será siempre tarea de los trabajadores.

Se equivoca la prensa, al insinuar que serán las clases medias quienes derrotaran la dictadura, a la dictadura la derrotara el movimiento popular de los sectores pobres.

Paris Mayo 1983

GRUPO
Pedro Nolasco Arratia
Trabajadores Libertarios
Chilenos en Exilio
PARIS

MOVIMIENTO LIBERTARIO en CHILE.

El movimiento libertario chileno, participo en toda la historia del movimiento obrero en Chile. Desde principios de siglo militantes libertarios, anarquistas aportaron sus esfuerzos en la lucha por un movimiento revolucionario en Chile.

Se pueden destacar en los años 1919, la "F.O.CH." Federacion Obrera de Chile, de postulados anarco-sindicalistas, creada con la influencia de la "I.W.W.". Largos años de represion, infiltracion del P. Comunista en 1922, (2° Congreso) destruyen esta organizacion.

Diversas otras organizaciones anarco-sindicalistas se construyen e [sic] en el transcurso de los años.

En 1953, el dia 12 de Febrero, se da vida en Chile a la Central Unica de Trabajadores, donde se incorporan tres Federaciones anarco-sindicalistas que después de un largo debate en seno del movimiento libertario estos compañeros deciden participar en la "C.U.T.". Otro sector sindical libertario no participa.

Las federaciones que integran la CUT, son Federacion de Obreros de la Construccion; Federacion de Obreros de Imprenta; Federacion del Cuero y Calzado. Fed. Trabajadores Portuarios[128].

De los 36 consejeros nacional de la CUT, 4 son anarco-sindicalista [sic]

---

128 En el texto original aparece agregado con letra manuscrita. [N. del E.]

Ernesto Miranda Fed. Cuero y Calzado

Ramon Dominguez

Celso Poblete Fede. Obreros de la Construcción

Hector Duran Fed. Obreros de la Imprenta.

Estas federaciones hacen un trabajo de base, que se rompe en 1956, a raiz de la Huelga Nacional (Paro Total) que acepta la vuelta al trabajo sin consultar a las bases, después de un exito total de 48 h. Después de esa experiencia, se retiran de la "C.U.T." los consejeros anarco-sindicalistas.

El movimiento libertario continua de existir, con sindicatos que se separan de la Central Sindical Única, como también la Federacion Anarquista que esta constituida por grupos libertarios de todo el pais. Los sindicatos fueron poco a poco perdiendose, en especial después del triunfo de la revolucion cubana.

La federacion Anarquista de Chile, publica un manifiesto en 1960, sobre la Revolucion Cubana. Anunciando los acontecimientos que mas tarde se van a producir.

2a PARTE
1960-1970
AUSENCIA DE ORGANIZACION LIBERTARIA

En los años 1960 adelante se acelera la atomizacion de las organizaciones libertarias, que desaparecen en expresion organisada [sic].

En el ambiente universitario, se crean y manifiestan nucleos anarquistas que se enfrentan en el Instituto Pedagogico de la Universidad de Chile con los sectores partidistas de la época.

En 1970, diferentes grupos de jovenes, participan en luchas locales con las divisas anarquistas.

En San Antonio, un grupo estudiantil muy activo contacta a otros grupo [sic].

En la zona sur se hacen conocer diversos grupos.

En Santiago, varios pequeños grupos intentan una Coordinacion.

Finalmente en 19872[129] [sic], se realizan dos Congresos que dan vida a una Coordinacion embrionaria, llamada "Grupos Anarquistas de Chile".

Su primer documento se hace publico el 1° Mayo 1972, distribuido en la gran Manifestacion de la época.

15, dias antes del Golpe militar, la Coordinacion prepara un Manifiesto, sobre el peligro de un golpe militar.

Documento[130], que no se alcanzo a distribuir, salio de la imprenta el mismo día del Golpe Militar (11 de Septiembre 73)

Exilio obligado pr [sic] una treintena de compañeros que se encuentran en Italia, Holanda, Inglaterra, Francia etc.

En exilio se crea en Paris la "C.L.L.A." "Coordinadora Libertaria Latino-Americana [sic], que se constituye en 1979, donde participan compañeros libertarios chilenos. Tres años de vida de la "C.L.L.A.". Disuelta la C/L/L/A el grupo libertario chilenos crea el grupo "Pedro Nolasco Arratia" en Paris, con aporte de compañeros en Italia y Holanda.

---

129 Error de tipeo. Suponemos que se refieren al año 1972. [N. del E.]

130 En el texto original aparece tachada la palabra "distribuido". [N. del E.]

El grupo "Nolasco Arratia", continua un trabajo de apoyo a los libertarios en Chile, comensado [sic] en la C.L.L.A. a traves de los compañeros anarco-sindicalistas de Noruega.

Envíos de dinero en diferentes oportunidades permiten apoyar diversas actividades que realizan nuestros compañeros en Chile.

3ª PARTE 1980 1985.

LIGA por la PAZ Santiago Chile

COORDINADORA de ESTUDIOS "HOMBRE Y SOCIEDAD" SANTIAGO-CHILE.

El 1° de Mayo 1985, se constituye en Santiago de Chile un Centro u Ateneo de Estudios Libertarios, que tendrá como nombre: Coordinadora de Estudios "Hombre y Sociedad"

Es esta Coordinadora, la resultante de un trabajo largo, bajo la dictadura militar, de los compañeros del Interior y del exilio.

Ya en los años 1979 y 1980, se produjeron diversos intentos de organización de grupos libertarios; que fueron destruidos por la represion, como fue el caso de "Relaciones Libertarias" detenidos 11 compañeros el 16 de Julio 1980.

Otros grupos se crearon y fueron desapareciendo por la falta de apoyo economico del exterior.

El Grupo "Pedro Nolasco Arratia" envia a Chile un delegado, en Febrero 1985, después de un intenso trabajo en el interior, se logra reunir a diferentes individualidades libertarias, que deciden organizarse. Así nace la Coordinadora de Estudios "Hombre Y Sociedad".

Responsables de esta organizacion son viejos y jovenes compañeros:

Ego Aguirre, Oscar Ortiz, Francisco Diaz, Humberto Ortiz.

El trabajo de la Coordinadora se desarrolla en cuatro lineas:

A) Liga por la Paz
B) Movimiento Sindical
C) Movimiento estudiantil Universitario
D) Antimilitarismo.

A.- La Liga por la Paz, es una organizacion creada en 1980, por varias organizaciones de base autonomas, a raiz del conflicto fronterizo con Argentina del canal de Beagle.

B.- Centro Cultural "Ernesto Miranda" (anarcos-sindicalistas)
2) Frente de Liberacion Femenina
3) Tendencia Autonoma de Bases "T.A.B."
4) Frente Ecologista
5) Comité de Defensa del Pueblo Polaco.

Estas cinco organizaciones de bases formaron la Liga por la Paz.

B-; Movimiento Sindical:

Dos responsables sindicales de la Coordinadora, a participar del "M.S.U." Movimiento sindical Unitario en la Comision de Comunicaciones. Desde el mes de Septiembre estan en la preparacion del 1° Congreso del "M.S.U."

El "M.S.U." es una organizacion de sindicatos de base creada el 8 de Abril 1984, en esta organizacion participan diferentes corrientes del sindicalismo chileno. (50.000 aderentes [sic])[131]

Dos grupos politicos partidistas pretenden recuperar esta organizacion

---

131 En el texto original aparece agregado con letra manuscrita. [N. del E.]

son P.S. (sector Briones, tendencia del PS) y el Mapu (renovado)

Frente a estas dos organisaciones [sic] politicas infiltradas, se le opone una fuerte corriente de sindicalismo autonomo.

Al interior de esta corriente autonoma trabajan los libertarios.

Los compañeros libertarios logran Nov. 85[132] la creación de una organizacion de trabajadores libertarios al interior del M.S.U.[133]

C) Movimiento Estudiantil. Se realiza en la Universidad de Chile.[134], trabajo muy difícil, por la condicion establecidasp [sic] por el Rector delegado militar que dirige la Universidad. Un ambiente de represion cotidiana, existe un grupo que trabaja. Este grupo necesita apoyo economico urgente.

D) Antimilitarismo: Publicacion de documentos clandestinos. Trabajan con la Liga por la Paz.

El primer Boletin oficial de la Coordinadora viene de llegar de Chile. Noviembre 1985.

PROGRAMA: TENDEN TRABAJADORES LIBERTARIOS[135]
SANTIAGO, 29 Noviembre 1985

132 En el texto original aparece tachada la frase "tienen en proyecto" y aparece agregado con letra manuscrita "logran Nov. 85". [N. del E.]

133 En el texto original aparece tachado el siguiente texto: "En esta organizacion participarian entre otros: FESICOM Federacion de Taxis Colectivos de Maipu. Presidente Carlos Frez Rojo, dirigente de la Comision de Renovacion Sindical. Sindicato de la Locomocion Colectiva Presidente TUMA. Sindicato de Ferias y Cachureos Sector Sud Presidente Francisco Díaz". [N. del E.]

134 En el texto original aparece una frase tachada ilegible. [N. del E.]

135 En el texto original aparece agregado con letra manuscrita. [N. del E.]

DESARROLLO SINDICAL

FECHA DE DESARROLLO DE LOS PRIMEROS OBJETIVOS: ENERO A DICIEMBRE DE 1986
PARTICIPANTES (SINDICATOS):

-Sindicato Nacional de la Construcción
-Sindicato de la Locomoción Colectiva
-Sindicato Independiente de la Construcción
-Agrupación de Trabajadores Eventuales de Victor Manuel
-Sindicato de Trabajadores Independiente [sic]
-Feria de Cachureos Victor Manuel
-Sindicato de Trabajadores Eventuales de Maipu
-Sindicato de Trabajadores Independientes San Isidro
-Sindicato de Trabajadores Independientes Bio-Bio.

OBJETIVOS:

Creación de una Escuela Sindical
Realizar un trabajo de unidad Sindical
Elaboración y asesoria a los compañerosp [sic] que quieran hacer boletines
Encuesta general de socios de los Sindicatos participantes para realizar un trabajo con todo el grupo familiar
La creación de una cooperativa de alimentos basicos
Charlas de temas de importancia
Creación de una bolsa de trabajo

Recursos Materiales Financiar[136]:

Local de Funcionamiento
Mobiliario
Materiales de difución [sic]

---

136 En el texto original aparece agregado con letra manuscrita. [N. del E.]

Maquina de escribir
Recursos Materiales a financiar[137]:

Computador, para mantener la información completa de las organizaciones sindicales.
Equipo de Video
Camara Fotografica
Grabadora Portatil
Fotocopiadora
Mimeografo

Actividades:

Reunion por cada uno de los sindicatos participantes
Reunion general con todos los socios de los sindicatos participantes
Boletin mensual
Archivo de socios de todos los socios de los sindicatos participantes y los que se vayan sumandose
Evaluación de las necesidades Alimenticias, para la cooperativa de alimentos de consumo basicos

El calendario de cada actividad se confeccionara despues de la primera reunión[138]

---

137 En el texto original aparece agregado con letra manuscrita. [N. del E.]

138 En el texto original aparece una frase manuscrita tachada ilegible. [N. del E.]

ANARQUISMO EN CHILE[139]
UNA ALTERNATIVA QUE RENACE

El Colectivo Anarquista, en su deseo de aportar al desarrollo de un movimiento social autónomo y antiautoritario, se ha dado la tarea de editar este periódico, que será un medio de comunicación destinado a difundir el pensamiento, la creación y las experiencias libertarias y autogestionarias.

Cuando los autoritarios y los detentadores del poder nos creían aniquilados, sin voz, y parte de la leyenda, aparece *Acción Directa*, prueba concreta de que existimos y continuamos nuestra lucha contra toda forma de explotación y dominación.

Durante estos 16 años, los anarquistas han participado activamente, pero de manera individual, en la lucha contra la dictadura militar, por la defensa de los derechos humanos, sindicales, laborales y sociales; y por la difusión de la cultura libertaria entre los oprimidos. Algunos, lo hicieron activamente desde el exilio, en tareas de apoyo y solidaridad antidictatorial. La aparición de nuevas formas de lucha y organización antiautoritarias a nivel poblacional, estudiantil y laboral, han llevado a que los anarquistas chilenos se planteen la necesidad de tener una presencia activa y organizada en el movimiento social.

Esto no significa que nuestra intención sea constituir un partido jerarquico y orientado hacia la toma del poder político del Estado o el control de la sociedad. Lejos de ello, nuestra intención es aportar al desarrollo y cristalización del movimiento social autónomo e intrínsecamente antiautoritario que se ha desarrollado en vastos sectores de la sociedad. Por tanto, en él no habrá lugar para los caudillos, secretarios generales vitalicios, "amantes" del poder, o autoritarios de cualquier pelaje.

---

139 Editorial del N°0 de agosto de 1990, del periódico "Acción Directa", órgano de expresión libertaria. [N. del E.]

El anarquismo, producto genuino de la voluntad de liberación de los explotados, ha mostrado a través de la historia su voluntad de transformar la sociedad en su conjunto y no limitarse al simple cambio de unos gobernantes por otros.

En ese marco, *Acción Directa* será un medio informativo destinado a difundir las ideas, propuestas, análisis, debates etc., del pensamiento ácrata y de las experiencias de acción libertaria.

El desarrollo del capitalismo –liberal o de Estado– en los últimos 45 años, ha llevado a la sociedad y particularmente al ser humano, a un total estado de dependencia de los centros de poder políticos, económicos, culturales, tecnológicos, militares, etc. Esta situación ha convertido a las personas en elementos subordinados y obedientes. Ante estos nuevos hechos el anarquismo no puede limitarse a las prácticas de los movimientos sociales de comienzos de siglo. Una reactualización es entonces condición indispensable para que el pensamiento libertario pueda analizar, comprender y transformar las sociedades modernas.

Las ideas libertarias son una afirmación del ser humano ante un mundo que niega al individuo; son una afirmación individual y colectiva a la vez frente a un entorno opresivo y tecnocrático, es decir, una respuesta a la deshumanización de las sociedades llamadas "desarrolladas", donde los seres humanos son sólo cifras en el balance del capital.

Debemos convenir entonces que el anarquismo no es simplemente una política –entendiendo a ésta como el "arte de gobernar"– sino algo que va más allá de ésta; tampoco es sólo una filosofía, sino el ideal de la plena libertad a través de la acción social directa de los oprimidos.

Creemos que en el anarquismo viene a ser algo intrínseco a la persona. Es una voluntad creadora, que no proviene del pasado sino que mira al porvenir. En otras palabras, es una forma de vida más que una política, una filosofía o una ética; el anarquismo está en el centro mismo de la vida humana.

Esto no significa que el ser humano pueda ser libre al margen de la sociedad y sin su concurso. Su individualidad y libertad son en gran parte producto de la colectividad humana y de su creatividad; solamente la ayuda mutua entre semejantes ha sido y será la fuerza motriz del verdadero progreso humano. La autogestión, en el sentido de trabajar, producir, crear y vivir juntos, es más antigua que aquello que los explotados llaman "civilización".

Por defender y difundir estos ideales, los detentores del poder y sus aliados han perseguido, encarcelado, torturado y asesinado a muchos de nuestros compañeros.

Paradojalmente, durante la reciente dictadura ha aflorado de manera intuitiva la autoorganización y la autonomía de los sectores populares en diferentes lugares del país.

El golpe de Estado de septiembre de 1973, que provocó la desarticulación de las organizaciones políticas, comunitarias, sindicales, cooperativas, etc., y la ruptura del modelo estatizante de la Unidad Popular, generó una respuesta de los sectores populares expresada en organizaciones de base que actualmente se conocen como OEP (organizaciones económicas populares).

Estas entidades, que instintivamente se han inspirado en principios de apoyo mutuo, desarrollan diversas actividades como talleres laborales, comprando juntos, huertos familiares, comedores populares, ollas comunes y autoconstrucción de viviendas, entre otras. Ellas son verdaderos tejidos de participación cotidiana, donde el pueblo administra sus espacios y necesidades sin depender del Estado o de los partidos políticos. En estos lugares está demás el "hermano mayor" o la "vanguardia", al igual que la orden militar, pues sus integrantes han comprendido que mediante la imaginación y la creatividad populares son capaces de desarrollar muchas formas de convivencia humana solidaria.

Análogamente, durante ese período han aparecido o sobrevivido diversos grupos alternativos: antimilitaristas, feministas, cooperativistas, autogestionarios, poblacionales, comunitarios, de tecnología apropiada y de educadores que buscan desarrollar nuevas formas de pedagogía libertaria. Junto a ello, muchas personas rechazan cualquier tipo de organización vertical y además están dispuestas a luchar por un cambio social antiautoritario. Se destaca el aporte de la ecología social en tanto negación de la jerarquía como principio estabilizador u ordenador, sea en la naturaleza como en la sociedad, y marcando claramente el peligro que representa para ambas esta jerarquización inmutable.

También han tomado conciencia que la futura sociedad tendrá que ser organizada de manera horizontal, donde cada grupo conserve su autonomía e identidad, y las organizaciones o agrupaciones no reproduzcan en su seno la división jerárquica del trabajo, la separación entre dirigentes y ejecutantes, la estratificación en jerarquía y masa obediente, la reproducción del autoritarismo en la familia y la escuela.

Los libertarios compartimos esta visión, pues siempre nos hemos opuesto a la conquista del poder político como fórmula emancipadora de la sociedad. Nosotros aspiramos a la disolución del poder como dominación de un ser humano sobre otro, del hombre sobre la mujer, de la ciudad sobre el campo, de la mente sobre la sensibilidad, de los adultos sobre los jóvenes, de un pueblo sobre otro, y del ser humano sobre la naturaleza.

El Estado, cualesquiera sea su signo ideológico, siempre ha sido y será enemigo de la iniciativa y la libertad individual y social, tanto en las llamadas "democracias occidentales" como en aquellos "gobiernos revolucionarios" autoritarios y capitalistas que sólo perfeccionaron y centralizaron el aparataje estatal a costa de la explotación y opresión del pueblo por el partido-Estado.

ANEXO:
IMÁGENES

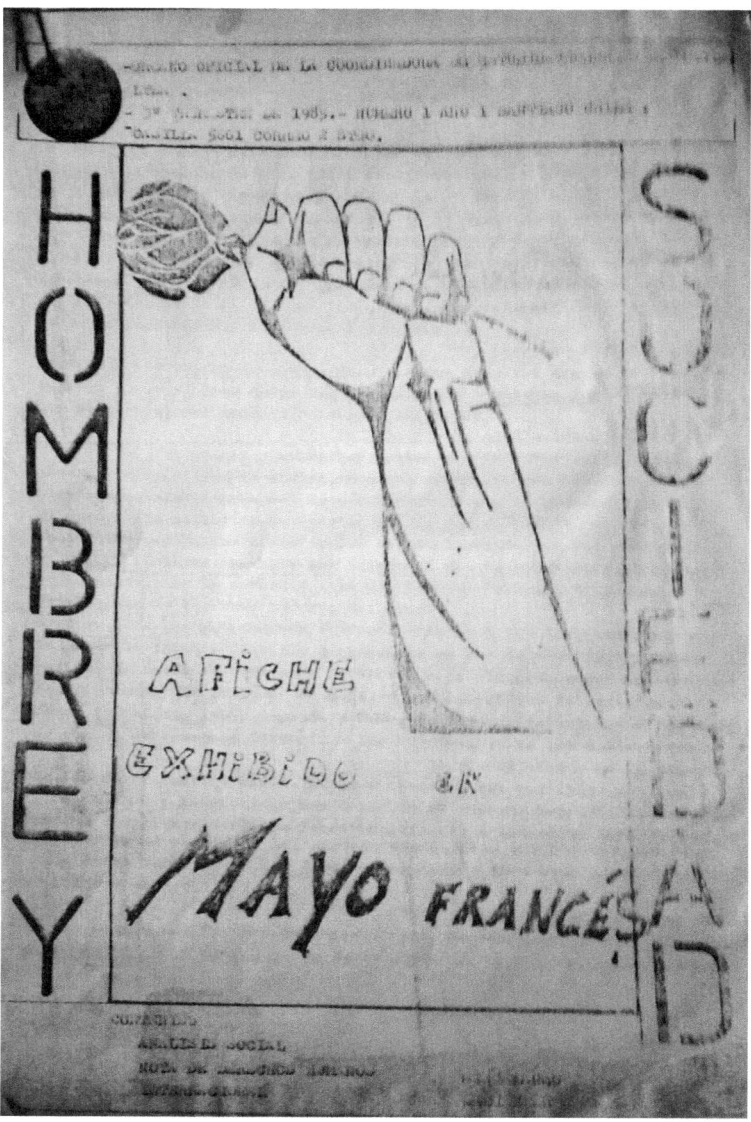

Portada revista "Hombre y Sociedad", N° 1, 1985. (Fuente: Archivo Grupo Pedro Nolasco Arratia, París)

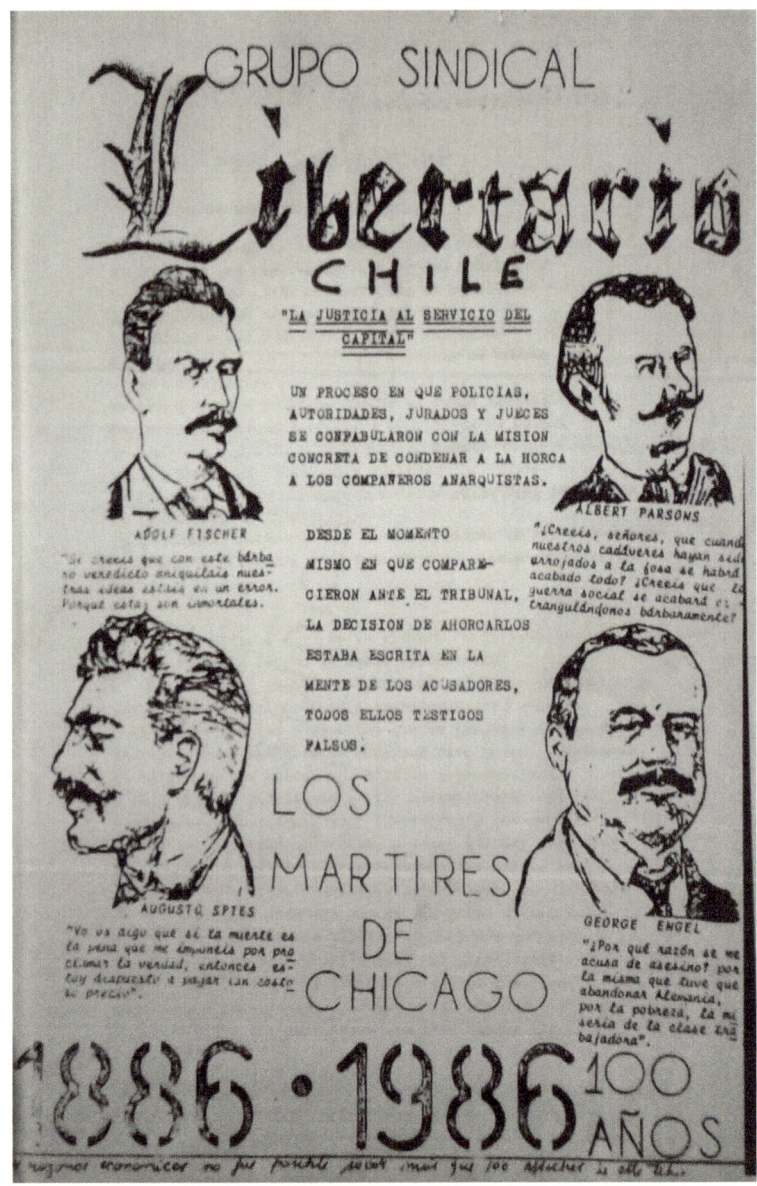

Portada revista "Grupo Sindical Libertario", 1986. (Fuente: Archivo Grupo Pedro Nolasco Arratia, París)

AÑO 1 Nº 0   ÓRGANO DE EXPRESIÓN LIBERTARIA   AGOSTO DE 1990

SUMARIO

Santiago de chile.

Este periódico es edi-
tado, diseñado, dia-
gramado y distribuido
por el Colectivo Anar-
quista Ⓐ

El financiamiento para
cada número depende
integramente de la
contribución de los/as
compañeros/as y sim-
patizantes liberta-
rios/as.

Toda colaboración,
aporte o correspon-
dencia debe enviarse
por intermedio de los/
as distribuidores/es.

ADHESION VOLUNTARIA

ANARQUISMO EN CHILE

UNA ALTERNATIVA QUE RENACE

El Colectivo Anarquista, en su deseo de aportar al desarrollo de un movimiento social autónomo y antiautoritario, se ha dado la tarea de editar este periódico, que será un medio de comunicación destinado a difundir el pensamiento, la creación y las experiencias libertarias y autogestionarias.

Giusepe Pelizza de Volpedo "Quarto Stato" 1894/1902

Cuando los autoritarios y los detentadores del poder nos creían aniquilados, sin voz, y parte de la leyenda, aparece *Acción Directa*, prueba concreta de que existimos y continuamos nuestra lucha contra toda forma de explotación y dominación.

Durante estos 16 años, los anarquistas han participado activamente, pero de manera individual, en la lucha contra la dictadura militar, por la defensa de los derechos humanos, sindicales, laborales y sociales; y por la difusión de la cultura libertaria entre los oprimidos. Algunos, lo hicieron activamente desde el exilio, en tareas de apoyo y solidaridad antidictatorial . La aparición de nuevas formas de lucha y organización antiautoritarias a nivel poblacional, estudiantil y laboral, han llevado a que los anarquistas chilenos se planteen la necesidad de tener una presencia activa y organizada en el movimiento social.

Esto no significa que nuestra intención sea constituir un partido jerarquizado y orientado hacia la toma del poder político del Estado o el control de la sociedad. Lejos de ello, nuestra intención es aportar al desarrollo y cristalización del movimiento social autónomo e intrínse-

camente antiautoritario que se ha desarrollado en vastos sectores de la sociedad. Por tanto, en él no habrá lugar para los caudillos, secretarios generales vitalicios, "amantes" del poder, o autoritarios de cualquier pelaje.

El anarquismo, producto genuino de la voluntad de liberación de los explotados, ha mostrado a través de la historia su voluntad de transformar la sociedad en su conjunto y no limitarse al simple cambio de unos gobernantes por otros.

En ese marco, *Acción Directa* será un medio informativo destinado a difundir las ideas, propuestas, análisis, debates etc., del pensamiento ácrata y de las experiencias de acción libertaria.

El desarrollo del capitalismo -liberal o de Estado- en los últimos 45 años, ha llevado a la sociedad y particularmente al ser humano, a un total estado de dependencia de los centros de poder políticos, económicos, culturales, tecnológicos, militares, etc. Esta situación ha convertido a las personas en elementos subordinados y obedientes. Ante estos nuevos hechos el anarquismo no puede

limitarse a las prácticas de los movimientos social es de comienzos de siglo. Una reactualización es entonces condición indispensable para que el pensamiento libertario pueda analizar, comprender y transformar las sociedades modernas.

Las ideas libertarias son una afirmación del ser humano ante un mundo que niega al individuo; son una afirmación individual y colectiva a la vez frente a un entorno opresivo y tecnocrático, es decir, una respuesta a la deshumanización de las sociedades llamadas "desarrolladas", donde los seres humanos son sólo cifras en el balance del capital.

Debemos convenir entonces que el anarquismo no es simplemente una política - entendiendo a ésta como el "arte de gobernar"- sino algo que va más allá de ésta; tampoco es sólo una filosofía, sino el ideal de la plena libertad a través de la acción social directa de los oprimidos.

Creemos que el anarquismo viene a ser algo inrínseco a la persona. Es una voluntad creadora, que no proviene del pasado sino que mira al porvenir. En otras palabras, es una forma de vida más que una política, una filosofía o una ética: el anarquismo está en el centro mismo de

(sigue en la página 2)

Portada del periódico "Acción Directa", Año 1, N° 0, de agosto de 1990. (Fuente: cedido digitalmente por el CIRA, Lausanne)

Panfleto de la "Coordinadora Anarquista" difundido en protesta contra el V centenario de la colonización de América (1992). (Fuente: Archivo Grupo Pedro Nolasco Arratia, París)

Néstor Vega Salazar, conduciendo el "Programa Tribuna Latinoamericana" en "Radio Libertarie".
(Fuente: Archivo Grupo Pedro Nolasco Arratia, París)